밧줄 위에서 추는 춤

― 오차숙 수필선

현대수필가100인선 II · 11

수필과비평사 · 좋은수필사

밧줄 위에서 추는 춤

― 오차숙 수필선

책머리에

　수필은 누구나 부담 없이 읽고, 마음만 먹으면 직접 쓸 수도 있는 가장 친근한 문학이다. 다른 영역의 문학이 영상매체에 밀려 신음하고 있는 중에도 수필 인구만은 날로 증가하여 바야흐로 수필 전성시대를 구가하고 있는 이유도 거기에 있을 것이다.

　시대적 추세에 힘입어 수많은 수필전문지, 수필동인지가 창간되고, 이에 비례하여 신진 수필가도 날로 늘어나다 보니 이제는 그 많은 작가, 그 많은 작품 중에서 문학성 높은 작품을 가려 읽는 일이 쉽지 않게 되었다. 이런 현상은 작가에게나 독자에게나 결코 바람직한 일이 아니다. 더 나아가서는 수필을 연구하는 후세들에게도 큰 부담이 될 것이다.

　이런 문제를 해결하는 데는 출판인도 마땅히 한몫을 감당해야 한다는 평소의 소신에 따라, 본사가 기꺼이 그 역할을 맡기로 했다. 그 첫 번째 사업으로 시대를 대표할 만한 수필가 100인을 선정하고, 작가가 자선한 40편 내외의 작품을 수록한 문고본을 발간하여 이를 널리 보급함으로써 그 소임을 다하고자 한다.

　본사는 사명감을 가지고 이 사업을 추진해 나가기로 했다. 작가 선정을 전담할 편집위원회를 구성하고 전권을 위임하여 일체의 사적인 정실이나 청탁을 배제함으로써 전문성과 공정성을 확보해 나갈 것이다.

　따라서 이 기획물 속에는 작가의 문학정신뿐만 아니라, 본사의 문학사적 기여 의지와 편집위원 제위의 수필문학에 대한 애정과 문인으로서의 양심이 함께 담겨 있음을 자부한다. 다만, 작가를 선정하는 기준에는 많은 견해의 차이가 있을 수 있고, 선정 과정에서도 미처 챙기지 못한 부분이 있을 것이라는 사실만은 인정하지 않을 수 없다. 이 점에 대해서는 관계자 여러분의

양해 있으시기 바란다.

 이 시리즈의 발간 순서는 작가, 또는 본사의 사정에 의한 것일 뿐 그밖의 어떤 기준도 적용하지 않았음을 밝힌다.

 본 기획물이 시대를 초월한 많은 수필 애호가들의 관심과 애정 속에 우리나라 수필문학 발전에 한 이정표가 되기를 바랄 뿐이다.

 본사에서는 이상과 같은 취지로 《현대수필가 100인선》전 100권을 완간하여 큰 반향을 불러일으킨 바 있다.

 그러나 우리 수필문단의 규모나 수필문학의 수준에 비추어 선정 작가를 100인으로 한정하는 것은 형평성이나 효율성 면에서 크게 부족하다는 의견이 많았고, 본사 또한 이를 통감하던 터라 기꺼이 《현대수필가 100인선 Ⅱ》를 발간하기로 했다.

 본사의 충정에 찬동하여 출판에 응해주신 지자 여러분께 진심으로 감사한다.

2015년 1월

수필과비평 · 좋은수필 발행인　　서정환
현대수필가 100인선 간행 편집위원　　박재식　최병호
　　　　　　　　　　　　　　　　　　정진권　강호형
　　　　　　　　　　　　　　　　　　오세윤

책머리에 — **04**

1
장르를 뛰어넘어

나의 삶 나의 문학 — **12**
차라리- 구명조끼를 벗고 싶다 — **15**
음음음음 음음음 — **18**
안식을 모르는 영혼 — **23**
장르를 뛰어넘어 — **25**
이관규천以管窺天 — **28**
똥밭에 구를 바엔 저승이 좋다 — **31**
무의식의 줄타기 — **36**
명작名作에서 훔친 사랑의 논쟁 — **38**
心淸事達 — **45**

2
홀로 있음이 춤이 됐나

홀로 있음이 춤이 됐나 ― **50**

방 안에서 상념과의 싸움 ― **53**

개꿈을 꾸다 ― **59**

그리움 하나 가슴에 달고 ― **63**

밧줄 위에서 추는 춤 ― **66**

파도타기 ― **76**

무인도 그 섬에는 파도가 ― **78**

목련이 툭툭 터지는 날 ― **84**

방황- 도심의 네트워크 ― **86**

3
티베리우스와 파라시오스

사막 그까짓 껏 ― **100**
푸하하&보헤미안 ― **102**
에스프레소의 마력 ― **104**
핏줄이 땡겼다 ― **106**
티베리우스와 파라시오스 ― **114**
해체- 포스트모더니즘적 춤사위 ― **124**
만남이 주는 경계선 훔쳐보기 ― **129**
因, 因, 因 ― **132**
원초적 본능 ― **137**
기산심해氣山心海 ― **143**

4
뉴욕- 그 명멸明滅의 나라

생生은 한판 춤사위로세 ― **148**
나를 웃게 하는 건- 너야 ― **150**
뉴욕- 그 명멸明滅의 나라 ― **155**
눅눅한 난초의 향기 ― **158**
순간의 열정은 창백한 것 ― **165**
절대적인 삶을 추구하는 여자 ― **172**
초경初經에 관한 주술적 회고 ― **177**
생전에 사생활을 공개하지 마 ― **182**
카사노바의 데이트 법칙 ― **186**
빌헬름 라이히- 그는 누구인가 ― **189**

작가 연보 ― **193**

장르를 뛰어넘어

1

나의 삶 나의 문학
차라리- 구명조끼를 벗고 싶다
음음음음 음음음
안식을 모르는 영혼
장르를 뛰어넘어
이관규천 以管窺天
똥밭에 구를 바엔 저승이 좋다
무의식의 줄타기
명작 名作 에서 훔친 사랑의 논쟁
心淸事達

나의 삶 나의 문학
-회색지대

눈을 감고 지그시 '삶'을 응시해보고 싶소
세상에 선연한 흔적이 남지 않더라도 앉았던 자리에 엉겅퀴 한 포기 키우고 싶소 - 이 땅은 영혼을 풀어 넣을 가치가 있기 때문이오 무한한 시간 속에 깊숙이 침잠되어 양귀비 한 송이 피우고 싶기 때문이오 - 사막을 걸어가는 낙타가 되더라도 주변의 모든 것이 아이의 웃음이 아니더라도 번개 번쩍이는 우박 속을 헤집으며 시이소 놀이를 하고 싶기 때문이오

春도 회색지색
秋도 회색지색

굿마당으로 흥興을 부르는 혼魂바람이기 때문이오

귀를 막고 조용히 '글'을 응시해보고 싶소
문학의 소용돌이가 엑스트라가 될지라도 얼어 있는 강물에 칼바람이 불더라도 자유 정신으로 골방의 해방을 기다리고 싶기 때문이오 - 태클을 거는 신령들이 이곳저곳 기웃거리더라도 이 길이 필연코 던져야 할 비풍초라면 혁명의 의미가 정녕 없지 않다면 도달점이 없어 방황을 계속하더라도 양손에 기꺼이 곡괭이를 들어 끙끙 끙끙 판돈놀이 하고 싶기 때문이오

夏도 회색지대
冬도 회색지대
도박판을 날아다니는 혼魂바람이기 때문이오

눈을 감고 지그시 '글'을 응시해보고 싶소
귀를 막고 조용히 '삶'을 응시해보고 싶소
연극 같은 인생 오버액션하는 삶이 무슨 흠이 되더이까 이름 모를 주사위라도 붉은 테이블 푸른 테이블 위에 놓여 있지 않더이까 영원의 길 - 불멸의 길은 이와 다르지 않기에 도박의 진미는 필연보다는 우연이외다 삶을 요리하는 것도 도박의 한 페이지 - 문학이라고 하는 것도 끊임없는 무의식의 멜로디 - 손길 가는 모든 것들이 미완성으로 끝난다 하더라도 원元 형亨 리利 정貞 - 카

오스 → 창조 → 절정→ 소멸의 시기는 완전한 세계가 아니라오 때때로 불명의 음표들이 괴성을 지르더라도 우발 성을 요리해 보려는 연주자가 되어 음표 음표를 달래가며 비탈길처럼 편곡해 보리이다

元 亨도 회색지대
利 貞도 회색지대
곡주가 아닌 맹물水에도 취할 수 있기 때문이오
사태에 놀란 강물을 안기 위해 창파滄波가 되기 때문이오

차라리- 구명조끼를 벗고 싶다

감사 무한제곱
수용하는 삶도 삶이기에 현실에 순종하며 살아간다
흐르는 대로 떠밀려가는 대로 놓여진 상황에 항복하며 감사한 마음으로 살아간다 그동안 바람막이로 존재해 준 남편 - 어실픈 나를 어머니로 거듭나게 해준 자녀들 미흡한 나를 문단의 길로 이끌어 준 스승 - 주변에서 조언과 사랑을 아끼지 않았던 친구들 - 그러나 모든 것은 나를 나답게 주어진 길에 고개 숙이고 순종하게 하지만 진정한 의미로서의 나는 아니다 나는 급류에 휩쓸려 떠내려가는 익사 직전의 생명에서 탈피하고 싶어 황금빛 생명선 붉은빛 구명조끼를 입고 있을 뿐이었다

그러나

다시 한 번 삶이 주어진다면

사치奢侈, one

나에게는 두 갈래의 길이 있다 전혜린이나 루 살로메 같은 여자가 되거나 이름 없는 수녀나 비구니가 되는 것-

때로는 전혜린처럼 자신의 길이 아니면 과감하게 길을 틀어 미지의 세계를 향해 도전하고 싶다 흐르는 물살이 자신의 코드와 어긋났을 때는 그 물살에 역행하며 주관을 가지고 헤엄치고 싶다 지루하고 남루한 삶에 견디지 못했을 때는 짧고 강렬하게 삶의 연출을 변형시키고 싶다

루 살로메가 지성인들의 친구 - 니체와 릴케 프로이트의 정신세계를 왕래하며 정신적인 지주가 된 것처럼 나도 내 자신과 코드가 일치되는 지성인과 교류하며 묘묘한 우정 탑을 쌓아가고 싶다 전혜린과 루 살로메!

이 여성들이야 말로 내 초라한 의식의 영토에 사랑의 끼 문학의 끼 몰두의 끼 상상의 끼 철학의 끼 모험의 끼를 공급해 준 뮤즈들이다 나는 이들의 예술관 철학관 인생관 사랑관 죽음까지도 마음 바쳐 흠모하기 때문이다

하지만

그 자체가 삶의 허상虛想이라면

사치奢侈, two

영靈적인 세계를 지향하며 세속과는 분리된 생활을 하고 싶다

새벽녘 물기를 머금고 피어난 풀꽃처럼 조촐한 수녀나 비구니가 되어 신앙 안에서 마음을 다스리며 살아가고 싶다
세상의 현란함과는 인연을 끊고 투명한 시냇물에 자신을 투영하며 맑고 또 맑게 흐르고 싶다
그 자체가 힘에 겨워 숨이 차다면 묵주와 염주를 굴리며 영육靈肉을 관리하고 싶다 그래도 계속 숨이 차다면 계곡으로 달려가 맑은 물줄기로 희디 흰 젖가슴을 씻어내고 싶다 저만치 바람이 불어오더라도 세상 안부는 단연코 거절하며 말없이 발걸음을 돌리고 싶다

미친 듯이 미친 듯이
영혼의 고향을 찾아 어디론가 줄행랑을 치고 싶다

음음음음 음음음

내가 노래하는 무대에는 조명등이 희미해 생명의 싹이 움트지 않소 꽹과리를 두드리고 장구를 내려쳐도 푸른 감흥이 일어나질 않소 영혼의 날개마저 거세당한 탓인지 관객의 그 깊은 수군거림과 무대의 퀭한 종소리도 오래도록 들리지 않소 버선발로 뛰쳐나가 뱅그르르르 뒹굴어 볼까 하얀 적삼 걸치고 나가 관객석을 배회해 볼까
음음음음 음음음
음음음음 음음음

생生은 한 판의 춤사위로세

뭐여라 그으래 어디선가 맑은 종소리가 들리기 시작하오 생은 한

판 그래픽 소설이라고 생은 한 판 춤사위라고 한 판의 춤사위는 천 개의 단어를 조립한 말장난보다 느낌을 줄 때가 때로는 있다 오 남사당패들의 외줄타기 외로움처럼 아슬아슬하게 마음의 행로를 걸어가더라도 호오 탕한 춤사위는 삶을 지탱시켜 주는 이유가 되거든
음음음음 음음음
음음음음 음음음

생生은 한 판의 춤사위로세

아니야 웬일인지 난蘭 한 송이 키우기가 힘들어졌소 바람도 모르게 비틀거리고 있소 내 안에 또 다른 내가 숨어 있어 묘한 그 실체를 응시하고 있소 오호라 취화선 속의 그 남자가 불꽃으로 환생하여 피 묻은 영혼을 소생시키고 있소 피가소의 손놀림 산딘스키의 발놀림 백남준의 영혼 놀림으로 걸음걸음의 춤판을 벌이고 있소
음음음음 음음음
음음음음 음음음

생生은 한 판의 춤사위로세

이럴 수가 숨통이 막힐 줄이야 심통이 막힐 줄이야 별 수 없이 카

멜레온의 지킬 박사와 야누스의 옷깃으로 가면축제를 열며 자정이 넘은 달밤을 휘휘휘휘 배회할 수밖에 없소 인생은 한 판의 춤사위와 다르지 않기에 늘 푸른 광대가 될 수밖에 없소 고요하고 기기묘묘한 무대 위에서 난蘭 한 그루를 키우기가 힘들어졌기 때문이오
음음음음 음음음
음음음음 음음음

생生은 한 판의 춤사위로세

잠시 눈길을 멈추면 시름시름 죽어가는 난蘭 이제 그 난이 커튼 속 무대에서 훌쩍인다 해도 한계가 꿈틀거려 무대 저만치 진땀의 물살 권태의 물살이 콸콸 밀려 오오 생은 한 판의 춤사위라고 바람도 모르는 새 고독 속에서 호호 탕탕 신음을 하는 그 실체로 인해 구토를 심하게 - 아 아니 무슨 말씀 경배할 이유가 생기고 말았소
음음음음 음음음
음음음음 음음음

생生은 한 판의 춤사위로세

보시오 때로는 용서할 순 없소 그 광명에 춤의 극치를 외면하는

이 자신을 용서하지 못해서 목구멍이 타들어가도록 경멸의 물살이 밀려오오 - 오호라 글쎄 내 인생은 두 개의 심장을 갖고 있나 보오 사랑과 예술이 그와 다르지 않기에 이들은 무대 위에서 양심도 가책도 없이 투쟁을 하오 내 전부를 부수려고 밤낮 없이 요동을 치오
음음음음 음음음
음음음음 음음음

생生은 한 판의 춤사위로세

꽃샘추위로 인해 신열이 끓어도 영혼의 혼란으로 인해 피범벅이 되어도 지독한 그 실체들은 생애 전부를 삼키려고 하오 그래서 춤꾼이 되기를 서원했나 보오 자유다운 자유를 실현하기 위해 피에로 중의 피에로가 되었나 보오 그래 맞소 폭풍의 언덕을 휘가르며 빨간 토슈즈 파란 토슈즈를 수십 켤레씩 만들던 춤꾼이었나 보오
음음음음 음음음
음음음음 음음음

생生은 한 판의 춤사위로세

오호라 그래 저만치 모딜리아니 연인 잔느의 슬픈 눈빛이 속세에

찌든 나를 응시하고 있소 무대 위에서 소설 속 주인공이 되어 비익조처럼 날아 보라구 하오 오호라 그래 토마스 하디의 《테스》의 그 남자가 생생초生生草를 안고 달려들고 있고 《닥터 지바고》에서 라랴의 그 남자도 흑갈색 영혼을 수술하려고 달려들고 있다오
음음음음 음음음
음음음음 음음음

생生은 한 판의 춤사위로세

오호라 맞소 난蘭 한 그루를 키우기 위해 한 판의 춤을 추어보세 생은 한 판의 춤사위라구 오호라 웬걸 미안하오 난 한 그루를 키우다 보니 권태로 인해 힘들어졌소 생은 한 판의 춤사위라고 오호라 여전히 암 말 마소 난 한 그루 생生하기 위해 한 판의 춤을 추어보세 바람과 구름은 남사당패로세 생은 한 판의 춤사위라구
음음음음 음음음
음음음음 음음음

생生은 한 판의 춤사위로세
생生은 한 판의 춤사위로세

안식을 모르는 영혼

바람아!
그대야말로 내 무의식의 에너지를 내 열정의 골수를 내 중심의 사모를 끝이 없는 기도를 바쳐야 할 대상이다 나는 그대의 붉은 입술과 숨어 우는 비애와 광채 나는 위선과 함께 가야 할 대상이냐

바람아!
나는 땅 위의 모든 것과 하늘 아래 모든 것을 향해 줄달음쳐 왔다
붉은 인내와 푸른 열정으로 '모양새'를 이루었고 그 비전을 내려놓지 않으려고 폭풍 같은 시간들을 헤엄쳐 왔다

생生은 눈먼 장님에 불과하기 때문일까
그러나 무의식의 기도를 통해 무의식의 열정을 통해 하늘에서 무

리들이 덜컥 내려오더니 "기도하며 진땀을 닦는 영혼아 내가 당신을 구하러 왔소"라는 한 마디에 "옳거니"하며 처연한 내 영혼은 무릎을 내리쳤다
정녕 그곳에 자물쇠가 있었구나 점점 더 높이 점점 더 맑게 하늘과 땅을 왕래하는 진리가 숨어 있었구나
하늘과 바다를 사로잡는 그 기도가 있었구나

긴 우울 속에서
긴 고독 속에서
처절한 사슬의 해방 – 그 아이러니한 영혼의 해방을 위하여

바람아!

장르를 뛰어넘어
- 향나무 한 그루

나무 한 그루가

그 거리에 서서 울고 있다
그 거리에 서서 웃고 있다

도심과 도심 속에 무릎과 관념 내장內臟까지도 깊숙이 숨긴 채 그 흔적 그 형상 개미똥만큼도 드러내지 않고 속으로만 삭히며 울고 있다 검붉은 입술을 앙당문 채 해오라기 형상으로 웃고 있다

한 줌의 영혼으로만 넘실거리고 있다

천 년 가까이 침묵을 등에 업은 채 존재하고 있다 늘상 햇살 속에 가려진 채 그림자로만 갸웃거리고 있다 안개 속의 그 형체 그 냄새 술래들이 다가가면 썰물처럼 도망치고 바람으로만 구름으로만 술렁이고 있다

두 눈을 조용히 감아 환상의 키key를 눌러 본다

역시 나는 기억 상실자에 불과하다 자색목련이라는 미명 아래 채색된 이름을 번쩍이며 여행 가방을 풀어 본 기억이 없다 배시시 눈꼬리를 흘려가며 홀로 서 있는 나무를 흔들어 본 기억이 없다 붉은 정념을 훌훌 풀어 조금만 건드려도 툭툭 터질 것 같은 천 년 된 향나무를 끓게 한 기억이 없다

목젖에서 알지 못할 실체가 밀려오고 있다

붉은 혈관이 요동치고 있다 유방과 유방 사이에 바스트 폰이 터지고 있다 가난한 영혼이 요염한 여신女神으로 변신 – 하늘 끝까지 달려갈 채비를 하고 있다 헝클어진 머리카락을 99° 수증기로 풀어가며 바람의 통증을 치료하고 있다 구름의 통증을 치료하고 있다

초록빛 들판에서 금지된 것과 뒹굴고 있는 들짐승 모습이 클로즈업된다 순수한 열정과 붉은 정열이 도심 속 거리를 응시하며 군화 짝 같은 혓바닥을 날름거리고 있다 문어발 같은 묘묘한 꼬리를 하늘과 땅 사이에 휘두르고 있다

질투와 구속과 의아심으로 변해 버릴 곡예놀이를 하기 위해 공해로 뒤덮인 도심 한가운데 천 년 된 멍석을 깔고 있다

클레오파트라와 살모사도 일등 관객으로 초빙되고 안토니우스와 카이사르도 낡은 벤치에 쭈그리고 앉아 향나무의 헛헛함을 응시하고 있다
무슨 상관이랴
삶은 모험의 강강술래 – 예술의 무대는 아이러니한 춤사위 – 영靈적 놀이는 삶의 대극치
붉은 환상 푸른 환상에 얽매어 죽음을 몰고 올 – 아니 영원을 몰고 올 늘 푸른 연극을 공연해 보자 누런 몸뚱이에 냄새 쾌쾌한 관념을 걸치고 낡은 멍석 위에서 뒹굴어 보자 생의 환영幻影을 느끼기 위해 진땀을 닦으며 노래해 보자

바람의 통증이 올인all in할 때까지
구름의 통증이 올인all in할 때까지

이관규천 以管窺天

나 죽어
후생後生에서 삶을 이루게 된다면
무엇보다
이름 모를 남자와 짝을 이루게 된다면
진흙 속을 헤집으면서도 연꽃으로 환생하거나
뙤약볕 속에서라도
생수生水를 기다리는 양귀비가
되겠어

찬란했던
전생前生의 문화
그 담보된 형식의 분주함에 고개를 내흔들며

떼배를 타고 무인도로 들어가
갈매기 떼가 축복해주는 혼례식을 치르고
77일간의 혼례여행을
하겠어

전생前生에서의 삶
그 냄새 독한 흔적들을 씻어내기 위해
면류관 대신 야생화 툭툭 꺾어
족두리를 만들어 쓰고
순간을 영원으로 몰고 가는 새색시가
되겠어

희디흰 드레스 대신
아이보리 색상의 모시저고리와
감물로 염색된 열두 폭 치마를 걸치고
맨발로 바닷가를 휘휘 돌며
양볼에 석류 빛 감도는 초여름 신부가
되겠어

이름 모를 남자 역시
감물로 염색한 바지 적삼을 입게 하고
제우스 버금가는 그 머리에 칡넝쿨로 만든

화관花冠을 쓰게 하여
상기된 두 유두乳頭에 입맞춤을 퍼붓도록
하겠어

수염도
야생마처럼 칠 척으로 길러
밀림 속의 원시原始를 토하도록 하여
막혔던 오감五感과 혈관이 뻥 뚫어지도록
하겠어

똥밭에 구를 바엔 저승이 좋다

화장터 대기실에 우두커니 앉아 보이지 않는 형상으로 번호표를 바라본다
몇 시간이 지나기도 전에 화장火葬할 순서가 돌아왔는지 전광판의 글자가 발광하고 있다 그 순간 미친 듯이 뛰쳐나가 서 널리 연통 주변에서 검붉은색으로 너울거리는 한계의 실체 – 뱀의 꼬리처럼 제멋대로 비비 꼬는 연기의 퍼포먼스를 바라본다
침묵만을 머금은 채 하늘로 주춤거리며 솟아오르고 있는 검고 붉은 연기 – 무슨 한恨이 많아 흙구름처럼 뿌려지며 중천中天 어느 마을 지점에서 뱅뱅 맴돌고만 있을까

하데스에 가서도 비통한 마음을 지우지 못해 아케론Acheron 강을 건너지 못할까 걱정이 돼서일까 세상의 모든 것을 망각하기 힘

들어 레테Lethe 강을 건너지 못할까 염려가 돼서일까 뱃사공 카론 Charon에게 건네줄 노잣돈을 잊고 와서 강가에 쭈그리고 앉아 달려온 길을 되새겨 보려는가
아니면 생生의 부질없음을 잠시 느껴 강둑에 망연하게 앉아 명상에 잠기려 하는가 아니면 짧은 생生에 못다 이룬 꿈이 많아 먼 길을 떠나는 것이 사뭇 아쉬워 나룻배에 올라서길 거부하려는 심산 때문일까

아아 삶은 괴물 같은 것 지독히도 괴물 같은 것 소크라테스도 삶이라는 괴물을 치료할 수 있는 대상은 죽음뿐이라고 하지 않았던가 그렇다면 죽음이라는 괴물을 치료할 수 있는 것 역시 삶이었음을 왜 몰랐던가
개똥밭에 굴러도 이승이 좋다는데
오직 그 사람에게 빚을 갚는 마음으로 그 사람이 떠난 그 모습 그대로 그 사람 뒤를 따라가고 있는 내가 아닌가
"비로소 너에게 마음의 빚을 갚고 있어 이젠 대大자유를 만끽하기 위해 양심과 심장을 활짝 가동하고 유황불 속이라도 날아다니고 싶어"라고 환호성 지르며 진정 희열을 느끼곤 했는데 아아 그러나 이승에 남은 두 나무 그들에겐 제우스의 불벼락보다 더 큰 불벼락을 내리치고 말았으니 '나'라는 존재는 정녕 아니 아니 '너'라는 존재도 정녕 - 구제받지 못할 죄인임엔 변명할 여지가 없다
그러나 나 이제 당신에게 달려가고 있소이다

삶을 살면서도 삶 자체를 깨닫지 못한 삶 - 생生을 살면서도 존재 자체를 깨닫지 못한 생 - 오직 미친 세상에서 미친 사람으로 허우적대며 헤엄치다 보니 - 도박판 같은 세상에서 한 구성원이 되어 타짜에 중독된 채 귀한 실체를 보지 못했으니 아아 그러나 이제 하데스의 다섯 개 강을 건너가면 당신이 파우스트 영혼을 구원한 그레트헨이 되어 연옥煉獄의 세계에서 컹컹거릴 나의 영혼을 감싸 안아다오

우리 이승 곳곳에 대大혼란을 주었으나 이제 그곳에선 당신과 나 - 스틱스 강에서 목욕을 한 불멸의 원앙새로 부활하여 잘 살아 보자구려

음음 이 시대를 통탄하며 그 누군가 SNS에서도 말했듯이
엘리베이터를 탔을 때 '닫기'를 누르기 전 누군가 급하게 달려올지도 모를 그 사람을 위해 몇 초만 더 기다려 주는 삶 - 출발신호가 떨어져 앞 차가 서 있어도 클랙슨을 빵빵거리지 말고 잠시 정차해 - 생生의 기로에 서서 갈등하며 괴로워하고 있을지도 모를 누군가를 위해 몇 초만 더 기다려 주는 삶 - 친구와 헤어질 때도 혹시 그가 뒤를 돌아보았을 때 살짝 웃어줄 수 있도록 몇 초만 더 기다려 주는 삶 - 저녁에는 넉넉한 웃음으로 술 한 잔 따라줄지도 모르니까 출근 준비를 하다가 폭풍 같은 소리를 질러대도 몇 초만 더 인내해 주는 삶을 살아 보자구려

이제 우리 이승에서 이루지 못한 삶 - 천상天上 그곳에서 제우스

와 메티스 같은 사랑을 꽃피우며 살아 보자구려 어쩌다 가게에 아이스크림이라도 사러 가서 생각이 나지 않게 되면 "아주머니 '망설임' 만 원 어치만 주세요" 라고 할 때까지 - 은행에 통장을 재발급 받으러 가서 "아가씨 이 통장 재개발해 주세요"라고 할 때까지 - 한 살 차이 노모님을 둔 우리에게 연세가 어떻게 되셨느냐고 물어오면 "우리 부모님은 연년생이세요"라고 할 때까지 - 출근 준비에 바쁜 자식에게 빨리 "포클레인이라도 먹고 가라"고 하며 식탁 위에 콘플레이크를 내놓을 때까지 - 소보루빵을 사러 빵집에 갔다가 곰보가 심한 주인을 보고 "아저씨 곰보빵 오천 원어치 싸주세요"라고 할 때까지 - 식물인간 된 환자를 병문안 가서 그 어머니 손을 붙잡으며 "어떡하죠 아드님이 야채인간 되셨으니 얼마나 괴롭겠습니까" 라고 할 때까지 - 우리 그렇게 살아 보자구려

아니 아니 그보다
"당신 도대체 누구시오? 그럼 당신은요" 라며 서로가 서로를 앙칼지게 밀어내며 "사람 살려 ~ 도둑이야"라고 비명을 지를 때까지-
우리 그렇게 살아 보자구려
그러나 무슨 소리
개똥밭에 굴러도 이승이 좋다는데
만약 이 순간이 꿈이라고 한다면 당신 진정 제우스의 권력을 부러워할 수 있겠소?

만약 이 순간이 꿈이라고 한다면 당신 진정 메티스의 지혜를 부러워할 수 있겠소?

그 남자
혜민 스님의 금언이 아니더라도
멈추면 비로소 보이는 것들 멈추면 비로소 보이는 것들—

무의식의 줄다리기

어쩌지
무의식 속 상념들이 줄다리기를 하고 있네

있음에 '없음'을 추가함으로써 평상심을 찾는 것 – 형상 자체가 숨 가쁜 시점인가 그 시점이 겨울을 향해 달려가고 있네 천장 위의 작품들을 철수해야 하나 삶에 대한 무게가 무쇠 같기 때문일까 지독히도 습관화된 매너리즘 때문일까 그 자체가 문학이고 인생이라구? 시간의 절대성이 파닥거리는 순간 – 심연 속 형상은 고목나무 틈에 핀 개암버섯처럼 표정 없는 표정을 짓고 있네 정체성이 혼란스러워 삶 같은 삶에 목이 마르기 때문일까 넓은 바다를 횡단하며 미지의 해저海底를 유영하고 싶은 낡은 소망 때문일까

어쩌지
무의식 속 상념들이 줄다리기를 하고 있네

명작名作에서 훔친 사랑의 논쟁

남자가 여자를 사랑할 때

캐츠비: 사랑하다가 파멸할지라도 그 남자 캐츠비는 그 여자 데이지를 사랑했지 가슴에 비수가 꽂히더라도 그 여자를 사랑하기 위해 생애를 던지고 말았지 무책임한 여자를 사랑하면서도 그 사랑을 내려놓지 않았던 남자 그 여자는 사랑받을 가치가 없을 정도로 몰인정했지만 사랑받을 가치라는 것은 오직 사랑하는 사람만이 결정하는 것이기에 스스로 고개를 숙이고 말았지 결점을 지닌 그녀였음에도 그 남자 캐츠비는 그녀에게 살며시 다가가 사랑은 운명으로 다가오는 것이라고 가르쳐 주었지

독자의 넋두리: 인생은 아름다운 화음 - 도레미파솔라시도가

아닌가 봐 순수한 남자가 사랑이라는 이름에 학살당하면서도 사랑할 수밖에 없었던 회색빛 수수께끼 그러나 그 여자는 미로迷路 속에서 헤매는 그 과정이 사랑 중의 사랑임을 미처 깨닫지 못했으니 음음 - 그 꿈에 젖어 살다가 그 환상 속에서 삐거덕거리며 죽어가면서도 그 사랑을 두려워하지 않았던 그 남자 캐츠비의 마음을 감싸안지 못했으니 ─

　　　　　　　　　　　　　　　　　- 피츠제럴드의 《위대한 캐츠비》

베르테르: 난 맹세했지 내가 사랑하는 사람은 나 외의 누구와도 왈츠를 추게 하지 않겠다고 비록 그 일로 인해 내 몸이 파멸한다 해도 상관없어 그것은 내가 내 이마에 한 발의 총알을 쏘고 싶을 때 로테의 피아노 소리가 나의 방황을 지워버리기 때문이야

독자의 넋두리: 음음 로테에게는 약혼자가 있었지 그 남자 베르테르는 그들의 사랑을 보면서 몹시 고통스러워했지 감정적인 그 남자에 비해 그녀의 약혼자 알베르트는 이성적인 남자라서 그 강도가 심했지 그들의 태연성을 볼 때마다 그 남자는 모든 감각이 긴장되어 어쩔 줄 몰랐지 마치 암살자의 손에 조임을 당하듯 목이 답답하고 마음이 천 갈래 만 갈래 찢어지곤 했지
그러나 그 남자는 그 여인 로테와 처음 춤을 추었을 때 입었던 연미복을 낡아떨어지도록 입으면서 알베르트와 결혼한 로테를 포기하지 않았어 그러나 로테는 베르테르를 사랑하기보다 측은히

여기는 것밖에는 별다른 대책이 없었지 고통과 투쟁하던 그 남자는 마침내 낡은 연미복으로 전신을 두르고 권총으로 자살을 하고 말았어 사랑은 조건이 아니라 운명임을 깨달았기 때문이지 해가 뜨고 달이 기울어도 사람들은 여전히 8할이 슬픔인 사랑을 찾아 온 생애를 헤매지 - 베르테르 그 남자처럼 사랑하고 싶어서 사랑하는 게 아니라 사랑할 수밖에 없어서 사랑하기 때문이지
- 괴테의 《젊은 베르테르의 슬픔》

여자가 남자를 사랑할 때

에밀리: 나는 호머 베른과 함께 인생을 장식할 꿈으로 가득한 여자였지 그러나 그 남자는 내 품을 떠나려고 했어 그 남자 없이는 숨조차 쉴 수 없었던 나는 결국 광기狂氣의 사랑을 택할 수밖에 없었어

독자의 넋두리: 그날 그 남자가 그녀의 집으로 들어가는 걸 봤지만 그 이후로는 호머 베른을 본 사람이 아무도 없었지 동네 사람들은 그 남자 호머 베른이 에밀리를 두고 떠나버렸다고 생각했지 어느덧 세월이 흘러 그 여자도 백발이 되어 세상을 떠나게 되었지 마을 사람들이 그녀의 장례식을 치르기 위해 그 집으로 갔을 때 그녀가 기거하던 2층 방에는 오래된 주검 하나가 누워 있었어
그것은 바로 30세가량의 호머 베른 그 남자였어 그러나 그 옆이

움푹하게 파여 누군가 함께 누웠던 자리가 있었지 근데 그 자리에는 에밀리의 철회색 머리카락이 휘날리고 있었으니 음음 흑장미색 아름다움 그 찬란한 그들의 비명소리 음음 —
-윌리엄포크너의 《에밀리를 위한 장미》

안나 카레니나: 내 사랑은 점점 더 정열적이고 이기적이 되어가는데 브론스키의 애정은 점점 더 약해지고 있어 우리가 맺어지기 전에는 양쪽에서 알지 못할 힘이 강렬하게 접근해 갔지만 이젠 서로가 어긋난 쪽으로 고개를 돌리며 멀어져가고 있어 내게는 아직 그 남자의 사랑이 전부인데도 —
그래 좋아 음음 당신은 나를 더 이상 괴롭힐 수 없어 당신을 처음 만났던 그 기차역 - 나는 회오리의 몸짓처럼 기차가 달려오는 그 가운데로 뛰어드는 거야

독자의 넋두리: 불행한 가정은 그 이유가 각각 다르지 그녀는 유부녀로서 아들까지 있었지만 남편과의 사랑 부재가 불행의 요소가 되었으니 - 그녀를 매혹시킨 그 남자 브론스키는 그때 그 시간 기차에서 내릴 때 안나에게서 운명적인 사랑을 느꼈어 그녀에겐 지나칠 만큼 악마적인 아름다움이 잠재해 있었거든 그러나 붉은색 아름다움은 파괴적인 마력을 지니게 마련이거든 그녀에겐 타는 줄도 모르고 날개를 펄럭이는 불나방처럼 불길 속에 뛰어드는 광기가 있었어

그러나 안나의 인생에 있어 브론스킨의 등장은 식어버린 혈관에 붉은 핏톨을 돌게 해준 것은 사실이야 단지 집착과 소유욕 때문에 안나의 영혼이 위태로웠지만 말이야 브론스키의 마음은 점차 그녀와의 사랑이 아니라 사회적 출세로 눈을 돌리게 되었지 남자라면 당연한 일 - 몰입의 결과는 비극일 뿐 독점욕이 강한 안나는 결국 정신이 극도로 쇠약해져 절망감과 투쟁하다 추락하는 낙엽처럼 기차가 달려오는 그곳으로 뛰어들고 말았으니 음음 -
그 여자 안나는 집착과 갈증은 정비례한다는 것을 몰랐나 봐 갈증이 심한 사랑은 결말이 뻔하기 때문이지 그이에게 나는 무엇일까 알고 보면 아무것도 아닌 존재 무無일 뿐이야 라며 깨달았을 때 인간의 영혼은 조금이나마 청청한 하늘이 되어 태양을 맞이할 수 있기 때문이지

-톨스토이 《안나 카레니아》

서로가 서로를 사랑할 때

로체스터: 제인에어 당신을 보면 이상한 기분이 느껴지오 내 왼쪽 늑골 밑의 어딘가에 실이 한 오라기 달려 있는 것 같소 - 그 실이 당신 몸의 같은 장소에 달려 있는 실과 같아 - 풀리지 않게끔 단단히 매어 있는 느낌이 들거든
제인에어: 공감 100% 당신은 침울한 표정에 냉소적이고 키도 작고 인물도 보잘 것 없지만 나 역시 로체스터 당신의 눈빛에서 외

로움을 발견할 뿐 아니라 인품 있고 말수 적은 당신에게 존경과 사랑을 느낍니다

독자의 넋두리: 서로가 서로를 사랑하는 모습 그 이상 환상적인 것은 흔치 않지 사랑은 정원을 단장해 꽃을 피우는 것만 아니라 꽃이 진 뒤의 폐허까지 고요하게 감싸안거든 자신보다 상대를 더 사랑하여 비로소 그 열매가 완숙할 때 미묘하게 보람을 느끼기 때문이지
송정림의 말처럼 사랑은 비가 오면 우산을 건네주는 것이 아니라 자신이 든 우산까지도 버리고 비를 같이 맞아 주는 것 – 폭풍 속에서 고통받는 상대를 위해 그 폭풍을 마다하지 않고 그 속으로 달려드는 것이라고 했던가
말하지 않아도 들릴 수 있는 무언의 고백이 그들의 대화이지 여자와 잔다는 개념과 여자와 잠든다는 개념을 잘 파악하며 개념이 다른 그 열정에 몸서리를 치거든
조건에 관계없이 상대를 느낄 줄 알아야 참 자신이 될 수 있고 또 그 이상이 될 수 있는 것이라고 누가 말했었지 쾌락보다 성스러움을 추구하며 서로의 위로자가 되어주는 것 잠들지 못하고 뒤치락거리는 새벽녘 창밖을 내다보며 눈물을 흘릴 수 있는 것이 사랑이라고 누가 말했었지 환상처럼 들리는 그 영혼에서 바람의 흥얼거림을 들을 수 있는 것 이런 흥얼거림이 서로가 서로를 사랑할 때 부를 수 있는 무형의 멜로디라고 누가 말했었지

그래 그렇지 현대인의 사랑도 도시라솔파미레도로 섬칫한 조화를 이루고 죽어서도 찢어놓을 수 없는 영가靈歌를 부르며 서로의 늑골이 묶여지기 때문이지

- 샬럿 브론테의 《제인에어》

心淸事達

마음이 깨끗해야 만사가 형통한다

그러나 --
삶이라는 실제가 낙엽의 최후처럼 석박해 보이나
삶의 흔적으로 명암 한 장을 내민다면 벽에 걸려 있는 30호 정도의 가족사진이 아닐까 마음 모퉁이에 색다른 에고$_{ego}$가 용솟음쳐도 액자 속의 사진은 내 작은 육신을 태연한 듯 묶어 놓는다

그동안 나는 절대적인 것에 지배당하기를 원해 왔는지도 모른다
신이 나를 지배하고 있으므로 존재하고 있지만 어딘가 모르게 정신 한구석이 지쳐가는 것 같다 확신은 있지만 따라갈 수 없는 마음 – 자신을 하얀 꽃처럼 정제하지 않으면 관념의 유희에서 견뎌

낼 만큼 나의 의식은 건강하지 못하다

에고ego보다 강한 내면의 유희 - 사람을 통해서든지 이론을 통해서든지 신앙을 통해서든지 자연을 통해서든지 사람을 사람답게 하는 것 - 살아 숨 쉬게 하는 것 - 한 모금의 생수가 되어 주는 것이 그리운 순간이다

세상은 하수구처럼 혼탁해 있으나 환상의 유희는 무엇보다 아름답다 거리에는 안개가 자욱하게 깔려 있으나 환상의 세계는 샘물처럼 아름답다 환상을 꿈꾸는 것이 나의 우울이기도 하고 기쁨이기도 하지만 정신을 세척시킬 수 있는 기회가 되어준다

많은 사람들이 인도의 명상가 라즈니쉬 제자가 되어 영적 훈련을 혹독하게 거쳤다면 세상은 어떤 모습으로 변했을까

나는 라즈니쉬의 제자였던 전위무용가 홍신자의 정신세계를 존경한다

책을 통해서도 느낄 수 있었으나 강의를 통해서도 잔잔하게 흐르는 고뇌의 빛깔 - 치열하게 용솟음쳤던 예술의 끼 - 추구하는 세계가 선명하게 떠올라 선생님의 고통과 인내와 인생을 사랑하게 되었다

삶을 사는 동안 사막을 헤매며 방황하더라도 영혼을 지배할 수 있는 대상이 나타나 마주한다면 영적인 부활을 느낄 수 있을 것 같다 내적인 부활이야말로 구원과 비교될 수 있는 삶의 에너지 - 생명의 근원이 되기 때문이다

주변에도 오아시스 역할을 하는 사람들이 종종 있긴 하다

바라보기만 해도 평온을 가져다주는 사람 - 심오한 샘물처럼 향기가 배어나오는 사람 - 지나치게 세속적인 사람들보다 절제된 자유주의자들과 대화를 나눌 때면 삶의 희열을 느낄 수 있다
인간은 대부분 평범함에 깊숙하게 길들여져 있으므로 지나친 일탈을 꿈꾸진 않는다 황금빛 천으로 자신을 포장하며 세련된 위선자가 되고 만다 일상의 권태와 공허 때문에 숨이 막혀 와도 사계절은 순리를 역류하지 않는다

삶은 잔인할 만큼 무자비하다
가까스로 의식주를 해결하면 마음이 가득 찰 줄 알았는데 정신을 가다듬고 세상을 내다보면 정답은 그곳에 있지 않다 잡힐 듯하면서도 잡히지 않는 절대적인 세계 - 마음을 세척해 줄 수 있는 순수의 대大극치 - 연못에 피어난 수련화 같으면서도 핏줄이 용솟음치는 듯한 광기 - 이처럼 인간은 불투명한 실체를 찾아 여행을 떠날 수밖에 없는 것 같다

나는 이때 방안에 숨죽이고 들어앉아 수많은 생각에 잠겨본다
그 사람이 '몽상가'라며 종종 비웃어도 어쩔 수 없는 삶의 일부분이다 입안에 물집이 생겨 영양제를 필요로 하면서도 정신의 배낭을 둘러매고 환상여행이라도 떠나본다 앞과 뒤를 훑어보아도 눈물겹도록 초췌한 삶 - 강물처럼 어딘가를 향해 질주하지만 불투명한 삶의 방향 - 세속화된 삶 속에 처절하게 길들여져 타인에

게 속고 타인을 속이며 줄행랑치는 삶 - 수만 개의 가면을 뒤집어 쓰고 성녀 복을 입은 삶 - 삶이라는 실체는 압구정동의 불빛처럼 찬란하여 평범함과 겉치레 외엔 아무것도 없다

절대적인 세계를 갈망해 볼까
공기가 미소 지을 만큼 투명한 세계 - 수덕사의 공기처럼 무거운 세계 - 도심 속의 수녀원처럼 절제하는 세계 - 때론 상처 부위에서 나체 춤을 추는 핏방울도 닦아보고 환희에도 차보면서 알지 못할 곳으로 여행이라도 떠나볼까
성녀들의 수도복이 그들을 묶어놓는 굴레인 것처럼 여섯 식구가 찍은 가족사진이라도 탓해 볼까 아이들의 초롱초롱한 음성과 눈망울 - 아롱이의 촉촉한 눈 맞춤과 삐악거리는 오골계까지 뒤로 접어두고 영혼의 새가 되어 창공이라도 날아볼까
이처럼 일상의 권태들이 뱀처럼 꿈틀거리며 나약한 의식을 잡아당기고 있지만 어느덧 환상에서 깨어날 시간 - 행주치마를 두를 시간이 되어간다

환상 속에서 나만의 '간이역'을 통해 정신의 찌꺼기를 씻어내는 귀한 시간이 되었다

홀로 있음이 춤이 됐나

2

홀로 있음이 춤이 됐나
방안에서의 상념과의 싸움
개꿈을 꾸다
그리움 하나 가슴에 달고
밧줄 위에서 추는 춤
파도타기
무인도 - 그 섬에는 파도가
목련이 툭툭 터지는 날
방황 - 도심의 네트워크

홀로 있음이 춤이 됐나

음음
홀로 있음이 춤이 됐나

봄의 비밀이 번쩍이는 정원에 영혼의 사슬이 채워져도 별 수 없지 않은가 세속의 스산함을 땅 위에 내려놓지 않는 이상 지당한 사슬이 아닌가
전진할 것인가 정지할 것인가 흔들리는 그 순간 찬란한 족쇄에서 벗어날 순 없지 않은가
기름진 텃밭에 고독한 영혼이 잠들어 있으므로 현실과 이상이 뒤범벅되어 훈풍이듯 태풍이듯 작은 심장들을 겨냥하며 꽃을 피우고 있으므로 속살의 목덜미를 넌지시 눌러 스릴 있게 조르고 있으므로 봄의 전령처럼 다가오는 천사의 손짓 천사의 발짓이라 생

각하며 두 무릎을 꿇을 수밖에 없지 않은가

음음
홀로 있음이 춤이 됐나

고독한 영혼!
신성한 영혼!

그 영혼이 외줄타기 광장에서 춤을 추고 있나 보다 세속의 영혼이 신성의 영혼을 갉아먹는다고 해도 전진할 것인가 정지할 것인가 서성이는 길목에서 바람처럼 구름처럼 받아야 할 사슬이 아닌가
그럼 사슬로부터 자유롭지 못한 영혼은 무엇을 위해 기도할 것인가 고독한 그 영혼을 바라볼 수 없어 나른한 두 어깨에 넘쳐흐르는 여름의 비밀을 고개를 끄덕이며 짊어질 수밖에 없지 않은가

음음
홀로 있음이 춤이 됐나

그러나 풍성한 가을이 싱그러워 어둠을 예감하는 영혼이 되고 싶진 않다
늑대 새끼처럼 짐승으로 환생해 컹컹거리고 싶진 않다 신성한 영혼이 없는 곳은 그 어디나 무덤이니 전진할 것인가 정지할 것인

가 그 기로에 서서 계절의 고난에 유희당하고 싶진 않다
어둠이 빛보다 잔인하기 때문일까
아무렴 그렇고말고 그러나 설령 어슴푸레한 존재가 투명한 햇살을 집어삼키려고 주춤대더라도 수평선 저쪽 노을 속으로 잠식할 수는 없지 않은가

음음
홀로 있음이 춤이 됐나

질풍노도가 눈앞에 출렁대고 있다
'하나'라는 이름으로 다가오는 처절한 계절이 자기풍요에 미소를 지으며 용트림하고 있다 선악을 가릴 수 없는 장님 중 장님이 되어 무덤 속 춤사위를 피하지 못하기 때문일까
목청을 돋우어 노래를 불러볼까 스르륵 무덤 속으로 떨어지는 그 순간 또렷한 의식을 꼬집어볼까 전진할 것인가 정지할 것인가 고민하며 두 눈을 감아보니 다행히 또렷이 살아 있는 상쾌한 의식 – 눈여겨 찬찬하게 살펴보니 무의식의 한귀퉁이까지도 피가 흐르진 않았구나
겨울의 끝자락까지도 보듬어보려는 순수의 계절만이 남아있을 뿐이구나

방안에서 상념과의 싸움

음음
그래도 그렇지

모기와 매미가 오늘따라 사람을 울적하게 한다 양심의 가책도 없이 허벅지 살 토막에 구멍을 낸다 여명인데도 매미소리가 최후의 숨을 몰아쉬며 고요를 깨고 있다 다시 오지 못할 계절이 아쉽다며 슬픔을 토하고 있다 잠시 다니러 온 고향 - 시골의 아침은 적막하여 침묵 속의 고요로 인해 몸 둘 바를 모르겠다 소리 없는 굉음에 질려 도망이라도 치고 싶은 심정이다 새벽잠을 털고 일어났지만 환각상태에 빠진 듯 몽롱한 느낌이다 아버지의 숨결이 배인 방안 ― 스스로 떠나신 지 수년이 되었지만 아버지의 처절한 영혼은 집 안 구석구석 엄숙하게 맴돌고 있다 나는 아버지가 돌아가신 지 얼마 되지 않아 아버지의 피 묻은 환상에 시달리곤 했다 붉은 환상을 감당하지 못해 유일신께 매달리곤 했다

음음
그래도 그렇지

아버지의 영혼을 위로하며 아픈 환상을 완화시켜 달라고 새벽마다 울부짖었다 어느 날이었다 나도 모르는 순간에 환상에 시달리기 시작했다 꿈인 듯 환상인 듯 제주시에 있는 부둣가에 서서 아버지를 기다렸다 새벽이 되자마자 부둣가에 이름 모를 여객선 한 척이 도착했다 여객선에서 내리는 아버지의 모습은 나를 소스라치게 했다 지워지지 않는 그 처절한 환상 ― 아버지는 알몸으로 피투성이가 된 채 세상을 응시하고 있었다 그 모습은 아버지의 생전에 고통의 상징과 돌아가시는 과정에서 고통당한 영혼의 표출인 것 같았다 순간 아버지의 피 묻은 알몸이 창피하고 무서웠지만 고요한 마음으로 아버지의 영혼을 감싸드리며 치부인 아랫도리를 가려 드렸다 그러나 사람들의 시선은 아버지의 그 고통을 응시하고 있었다 그때 일을 더듬어 보면 지금까지도 가슴이 펑 뚫린 채 절망적인 순간이랄까

음음
그래도 그렇지

나는 그 환상을 가슴에 담은 채 오랜 시간 누구에게도 얘기하지 않았다 하지만 다시 아버지 환상이 따라 다녔다 우리가 사는 아파트는 넓은 들판에 있었는데 아버지는 다시 성큼성큼 걸어오고 있었다 하얀 망토를 걸치고 어린 딸의 손목을 잡은 채 우리 집을 향해 쳐들어오고 있었다 안개에 가려서 아버지와 동생의 발은 보이지 않았지만 어딘가 모르게 그들의 모습은 평화로워 보이긴 했다 당분간 그 환상은 거듭되었고 나 역시 정신이 지쳐서 견딜 수가 없었다 나는 창자가 끊어질 만큼 소리를 질렀다 아버지 생전에 저를 위해 무엇을 해주셨나요 나는 아버지를 사랑하지 않습니다 무엇 때문에 돌아가셔서까지 힘들게 하십니까 맏딸을 위해 베풀어 준 것이 무엇이 있다고 내 영혼을 이처럼 할퀴어 놓으십니까 저는 아버지가 싫습니다

음음
그래도 그렇지

목 놓아 울었다 그 후부터 아버지의 환상은 꿈에서도 보이지 않았다 나는 아버지를 사랑한다 처절한 그 영혼을 사랑한다 마지막 떠나는 길 헝클어진 육신과 영혼을 부둥켜안은 채 상황을 수습하며 아버지를 환송해 드렸으나 자식 된 도리로서 고통을 나눠 가질 수 없었던 지독한 불효 때문에 두고두고 괴로워했다 행동

으로 옮길 수 없는 죽음 ― 나는 아버지의 그 죽음을 세밀하게 응시했지만 그 죽음을 몹시 증오한다 지금처럼 고독한 순간이 오더라도 아버지의 그 길을 따라가지 않는다 아버지는 살아계실 때 아홉 살 된 막내딸의 교통사고를 눈앞에서 지켜보고 흩어진 그 살점을 주섬주섬 주워가며 오열한 적이 있다 남몰래 깊은 상처를 안고 살아가신 분이었다 그럼 아침잠을 깨운 모기와 매미는 아버지와 동생의 넋은 아니었을까 유난히 우울함에 빠지게 하던 그들의 정체는 과연 무엇일까

음음
그래도 그렇지

세상사에 바쁜 어머니는 품삯 일을 가셨는지 집 안은 적막에 휩싸여 인기척이 없다 창문을 열어보니 마루 구석에 아침 식사가 조촐하게 차려져 있다 오랜만의 만남에 어머니와 정담을 나누고 싶었는데 집 안 구석구석에는 침묵만이 흐르고 있다 할 수 없이 침묵을 해부할 수밖에 없고 과거의 빛깔들을 들춰내기 시작한다 이 평온함과 무덤덤함이 두렵다 이 빛깔에 짓눌려 도저히 숨을 쉴 수가 없다 나는 나도 모르게 처절하게 그 시간 속으로 흡수되어 간다 비명을 지를 만큼 강렬한 빛 ― 사방을 커튼으로 가려서 검붉은 햇살을 막아본다 미친 듯 부추기던 광선이 시간이 지남에 따라 버거운지 숨을 죽이기 시작한다 시기상조로 내려진 커튼

- '쾅'하고 과거의 문을 닫아버린다 아버지의 영상을 지우고 나도 정신과 몸을 추스른다

음음
그래도 그렇지

사람의 체온이라곤 없는 방안 이곳에서 하루를 더 넘길 수 있을지 모르지만 검붉은 소용돌이를 잠재워 본다 조용조용 순수의 집으로 사념思念을 몰고 간다 아 예상외로 시간을 음미해 볼 수 있는 즐거움 – 공기와 침묵하며 합일을 꿈꾸는 자유 – 장벽을 뚫고 평온을 훔쳐보는 여유 – 순간이 마지막 삶이 될지라도 초연해질 것 같은 무덤덤함 – 순수로 승화되어 참신하게 살아 보려는 노력이 이곳저곳 기웃거리고 있다 – 환희가 춤을 춘다 재빨리 삼중 커튼을 닫아버린다 베일 속으로 나의 실체를 온전히 가둬버리니 세월을 휘감은 피로감이 통쾌하게 사라지고 있다 아버지 영상이 고통의 음률로 흥얼거렸지만 광적인 장구에 살풀이춤을 추던 흔적들이 배시시 하게 웃고 있다

음음
그래도 그렇지

여전히 커튼을 열고 싶지 않다 광선은 나를 온전히 태워 버렸으

므로 칙칙한 하늘 - 비라도 쏟아질 것 같은 날씨가 그립다 죽음처럼 초연한 방안 - 아버지가 숨을 거둔 바로 이 장소 - 한 치의 이탈도 없는 그 심장에 쪼그리고 앉아 회색으로 채색된 과거와 싸움하는 순간이었으나 나는 이곳을 떠나면 누구에게도 아버지에 대해서 입을 열지 않는다 침묵의 무덤을 가슴속에 만들어 버린다 그래 그 모기와 그 매미는 세상에 다시 올 수 없으므로 여행의 둘째 날을 독서로 마무리하자 이것이 삶의 본전 인생의 본전이다 옆집 아저씨 경운기 소리가 마을을 휩쓸고 지나간다 완벽하게 살아 있는 색 살아 있는 세계가 그립다 마음속에 평온이 꿈틀대고 있으므로 삼중 커튼을 '휘익'하고 걷어버린다 고독과 방종 헛헛함을 땅 끝까지 내던져 버린다

음음
그래도 그렇지

개꿈을 꾸다

간간이
창공을 유랑하는 연鳶을 바라본다
가오리연으로 무의식의 형상이다 그 연이 광활한 우주 속을 뱅뱅
날아다니고 있다 총총히 따라가서 그 축을 조율하고 있는 연의
실체를 응시한다
조그만 돌담집이 뇌리 속으로 파고 들어온다

바람이 있거들랑
구름이 있거들랑
동여매는 구두끈을 붙잡으려 하지 마라

분명 뭔가 잃어버린 느낌 끈 - 끊어진 연이랄까

헛기침을 하고 스스로를 설득시키며 바다 위를 걸어 볼까 날개옷을 고쳐 입고 창공을 훨훨 날아 볼까 모형 없는 모형에 구속되어 붉은 적삼 잡히는 것이 땀이 나기 때문일까

밤하늘의 괴성도 절규하는 파고波高도 알고 보면 가시에 찔려 터지고 말 풍선놀이 - 개꿈을 파헤치다 보니 그릇을 비우고 비워 절대적인 자유 참 자유를 갈망하며 갈매기처럼 살고 싶다

모든 것은 허상虛想에 불과할 뿐 찬란하면서도 음산한 허깨비에 불과할 뿐

그 스산한 게임에 빠져 허우적허우적 헤엄치지만 영혼과 영혼이 번개와 함께 요동하며 충돌하는 소리가 들려온다

매몰당하기 싫어졌나 그 존재의 무거움 그 존재의 가벼움 그 가치가 개미똥처럼 마력이 없어 뚜렷한 의식이 약해졌다

군상을 헤쳐 가며 혈혈단신 구두끈을 동여매고 산책하고 싶어졌다

태풍으로 인해 방황하는 구름처럼 절박함이 오더라도 절대적인 자유를 추구하며 청산靑山을 바라보며 웃음 짓고 - 백운정白雲亭에 올라 침묵하며 창공에 휘돌아다니는 유산소를 콸콸 들이키고 싶다

모든 것은 바람風이다 아무것도 아닌 것들 - 두 발을 보호하던 구두끈을 의식하니 무의식 속 붉은 치마가 죽음만큼 통증 인다

마음을 들어 하늘을 응시하라

개꿈이 뇌리를 혼란시켜 이름 모를 갈등과 투쟁하고 있지 않은가
가지 않은 길은 한적하여 찬찬히 걸어갈 길 - 짓궂은 백지 위에
공空 한 토막 스케치해 나가는 길 - 가난한 영혼과 마주하기 위해
봇짐을 내려놓는 길 - 독수리 날갯짓하듯 희비喜悲를 조율하며
글 한 편 소신껏 써 나가는 길 - 그때 비로소 횡횡 횡횡 울부짖는
영혼의 밀어를 들을 수 있으리라
그 자체가 생멸生滅의 고향이라 연서戀書 한 통 쓸 수 있으리라 마
음의 움직임을 읽어가는 그림자가 되어 피울음 달랠 수 있으리라
아니 그보다도
잠든 광기狂氣를 깨워 땅속 깊이 숨어 있는 괴성魁星을 몰고 올 수
있으리라

삶이 무엇인지 모를 때가 많았다
바람이 불어오고 쓰나미기 요동하며 댕고를 춘 때문은 아니다
꽃은 꽃도 아니었고 나비는 나비도 아니었다 춘 하 추 동 착각하
며 유희를 했을 따름이다
짙푸른 날개와 에너지는 소소한 것의 밝은 웃음 - 싱그러움의 파
노라마 - 480회 가까이 수령해 온 그 생명줄 덕택이다 승용차도
과분하여 지하차도를 전전긍긍 헤매지만 심장에 가득한 그 충만
함 바람 부는 정신세계 - 윈드서핑windsurfing으로 파도타기를 즐기
는 낭만 자체가

육신의 엔진이나 다를 바 없었으니
영혼의 엔진이나 다를 바 없었으니
그러나
신神 중의 신God이시여! 개꿈 그 개꿈에 지배당하지 않게 하소서

그리움 하나 가슴에 달고

호남선 열차에 앉아 세상을 바라본다
아버지의 추도 일을 기념하기 위해 출발한 여행이다 가까운 곳에
배설 장이 있는지 냄새가 진동한다 무궁화호의 부축을 받으며 들
판을 달린다 어린 이들은 무릎 위에서 코를 골고 발똥거리는 의
식은 상념에 취해 있다
멀리 공장 굴뚝 너머로 비구름이 몰려온다
흙빛 같은 모양새가 세상을 금방 삼킬 것 같다 캔 맥주 주둥이가
립스틱을 묻어내고 복부도 차츰 차오면서 깡통이 가볍다
저 멀리 천지가 그리움의 뭉치로 피어난다 갈증 나는 세포 속에
정들이 스며든다 어렴풋이 취기가 일면서 붉은 영상들이 떠오른
다 술을 좋아하지 않지만 마시고 싶을 때가 있다 태양 아래 가슴
을 열고 서 있고 싶을 때가 있다 가면을 내동댕이치고 나를 찾고

싶을 때가 있다 길들어진 내가 아니라 순수한 물살로 샤워를 하고 싶을 때가 있다

누가 드넓은 바다에 붉은 파도를 쏟았을까
소리 없이 타고 있는 장작에 기름을 부었을까 바둥거리는 애처로움에 깊은 눈길을 보냈을까

괴어 있다
이름 모를 그리움이 괴어 있다
괴어 있다
이름 모를 괴로움이 괴어 있다
그 실체가 무엇인지 몰라도 다가가면 증발해 버리고 도망가면 뒤따라 오는 정체 모를 그림자가 괴어 있다 장막으로 가려진 세계를 토해내지 못한 채 뉘앙스에 휩싸여 살게 하는 묘한 실체가 괴어 있다

정신을 가다듬고 철길을 바라본다
환상 속의 아버지가 철로를 따라 온다 얼마만큼 헤매셨기에 굵은 땀을 흘리셨을까 추도 일을 기억하셨는지 아침 일찍 서두르셨나 보다 천국과 지상은 수만 킬로나 되는데 우리의 만남은 찬란한 만남이 아닌가
아들이 화장실에 가고 싶다고 조르기 시작한다 아버지의 영혼도

피를 흘리며 치마폭을 붙잡는다 기차도 가지 않으면 안 될 길을 향해 치열하게 달려간다

밧줄 위에서 추는 춤

보소보소 들어보소
당신은 현재 시간을 탄력 있게 살아가고 있소이까 잠잠히 생각하면 우리는 흘러가는 밤과 낮에 지배당하고 있을 뿐 산과 바다에 따라서는 그 시간들을 연소하고 있진 않소이다 현재는 내 것이 아닌 - 정체불명의 목적을 향해 뒤뚱뒤뚱 건너가는 디딤돌에 불과할 뿐 우리는 그저 그 속에서 춤을 추는 무희가 아니더이까 - 근데 정체불명의 목적들을 구름이 설정했나이까 바람이 설정했나이까 - 그것은 다름 아닌 벤야민의 말을 들어보소 - 그것은 당신과 나의 잠꼬대라기보다는 외계인들의 프로그램에 의해 둥리둥실 설정되었소이다

그래서 그런지
나를 충전시킬 수 있는 시간을 갖고 싶소이다

보소보소 들어보소
우리는 미래를 위해서라는 미명美名 아래 현재의 시간을 희생하며 극본에 짜놓은 욕망 - 극본에 짜놓은 목적으로 설정당해 돌아올 수 없는 강을 건너고 있을지도 모르외다 리바이벌되지 않는 인생 - 누구든지 이 사실을 진지하게 받아들일 수 있는 순간이 온다면 처절하게 우리의 뇌파는 자각할 수 있나이다 나 역시 허둥대고 있음을 모르지 않고 있소이다 내 것도 아닌 정체불명의 것을 위해서 돌아올 수 없는 현재들이 썰물처럼 빠져나가고 있음을 모르지 않고 있소이다 아무렴 그렇고 말고 하루빨리 깨달아야 함을 모르지 않는 중이외다 그동안 현실의 시간은 나 아닌 것을 나이게 했지만 삶을 근본적으로 충전시킨 시간들은 아니었소이다 - 마당놀이 하듯 환상에 휩싸인 채 천상의 시간과 지상의 시간이 춤을 추었을 뿐이외다

그래서 그런지
나를 충전시킬 수 있는 시간을 갖고 싶소이다

보소보소 들어보소

지난여름 제주도 짙푸른 바다 - 그중에서도 일출봉이 있는 성산포 근처를 여행해 보셨나이까 그 지역을 배회하다 보니 성산읍 오조리 식산봉 근처 양어장에 제2의 올레길이 낭만적인 코스로 안내되고 있어 올레꾼의 발걸음을 끌어당기고 있었소이다 양어장을 가로지른 올레길 코스를 보는 순간 십수 년 전 태왁을 의지 삼아 우뭇가사리 조개 미역 문어와 소라를 채취하던 까무잡잡한 계집애가 혼탁하게 떠올랐소이다 그것은 벤야민의 시간관에 의하면 분명 야릇한 허기(虛氣)와 멜랑콜리였소이다 그때 화장을 하고 살아가는 무의식 저편에서 - 야 여자야 간간이 그 철가면 좀 벗어봐라 하며 뒤통수를 내리쳤소이다

그래서 그런지
나를 충전시킬 수 있는 시간을 갖고 싶소이다

보소보소 들어보소
바닷물이 출렁거리는 300호户도 안 되는 눅눅한 마을 - 바닷물의 소금기와 제주 햇살의 강렬함을 자궁에 끌어안았던 그곳 - 느닷없이 내리치던 천둥과 번개 속에서도 표정 없는 여자처럼 20년 가까이 살았으니 그 마을을 내 삶의 영역에서 접을 수 있겠소이까 - 이제 그 고향을 찾아가 해산물을 채취한 망사리 자락까지 뚝뚝 잘라 남은 삶을 항해하게 해줄 태왁만을 의지하고 정신력 하나

둘러메고 검푸른 바다를 질주해 보겠나이다 아니아니 그보다 대양의 노마드nomad처럼 무인도를 방랑하는 모켄 족처럼 검붉은 바다를 유랑하며 존재의 정체성에 대해 명상하는 시간이라도 가져 보겠나이다 – 그동안 고향을 떠나 앞만 보고 달려온 삶에 후줄근하게 지쳐 사람의 냄새가 남아 있지 않아 가슴이 쾌쾌하나이다

그래서 그런지
나를 충전시킬 수 있는 시간을 갖고 싶소이다

보소보소 들어보소
나는 나도 모르는 사이 무의식 속에 잠재된 이상理想 세계에 유혹당해 순수한 것 같으면서도 가면 쓴 인간 투명한 것 같으면서도 불투명한 인간에 불과했을 뿐이외다 – 마소 마소 탓하지 마소 창파滄波를 배회하던 제우스 형상의 독수리가 이름 모를 존재를 낚아채어 지상낙원이라는 곳으로 안내하겠다며 창공으로 날쌔게 날아갔으니 누구인들 그 날개를 빠져나올 수 있겠나이까 하지만 삶의 본질을 잊을 순 없지 않소이까 – 벤야민의 시간 철학을 음미하지 않더라도 꿈과 양심은 사람을 살아가게 하는 원동력이 아니오리까 – 늘그막에 가서라도 자박자박 고향에 찾아가 고개를 푸욱 숙여야 들어갈 수 있는 오두막집이라도 마련해 출렁이는 마음을 곱게 다스리며 차라리 벌레처럼 살아가고 싶소이다 바람도

구름도 따라올 수 없는 낙원으로 도망쳐 - 잃어버린 것들에 대하여 나름대로 성찰하며 하잘 것 없는 존재일망정 미래의 초상화를 구체화시키고 싶소이다

그래서 그런지
나를 충전시킬 수 있는 시간을 갖고 싶소이다

보소보소 들어보소
어느 날 문득 당신도 시간의 잔인함에 머리를 파묻어 보셨나이까 나 역시 벤야민의 허무주의가 심중에 잠재해 있기 때문인지 의식 없이 흘러가는 시간들이 구토가 나도록 황홀하나이다 - 1년 전만 해도 팔팔하던 어머니가 이젠 걷지도 못한 채 방구석에 누워 계시다니 - 아하 그러나 몇 년 전 한국문협 제주지부 강중훈 회장이 고향 마을 오조리에서 전국문학인대회를 개최했으므로 그때 이 여자도 초청받아 김우종 교수님과 윤재천 교수님을 모시고 대회에 동행한 적이 있었소이다 - 그나마 그때 그 시간이 양식이 되고 있소이다 - 그래도 나의 어머니는 당시 일흔여덟이었지만 그 교수님들을 시골집으로 초대해 60년대에나 볼 수 있었던 양철밥상을 꺼내어 원시적 모습으로 아침 식사 한 끼 대접해 드렸으니 노인네들 셋의 그 광경은 인간의 눅눅한 원초적 풍경으로 다가와 삶의 행간마다 한 편의 인생극이 기웃거리는 느낌이 들었소이다

그래서 그런지
나를 충전시킬 수 있는 시간을 갖고 싶소이다

보소보소 들어보소
이제 그 분들이 80세를 넘기셨으니 이 시점에 오조리에 위치한 올레길이 그때 그 시간들과 잠시라도 겹쳐지지 않겠소이까 – 나는 어쩌면 꿈속에서라도 이름 모를 벌레가 되어 고향 마을 모퉁이에 쭈그리고 앉아 웅웅거릴 때도 있겠지만 그때 문학인대회 시간들이 기억의 장場으로 내장되어 있어 그나마 나에겐 다행이지 않소이까 어쨌든 현대수필이라는 곳 – 내가 이곳에 발을 디딘 지도 17년이 되었소이다 지금 이 시기에 이곳으로 온 것이 아니라 – 43세 때 현대수필과 인연이 되었으니 삶에 있어 의미 있는 시간들을 이곳에서 보낸 셈이 아니더이까 긴 세월 살아오면서 어느 곳에서도 이곳에서의 땀 흘림처럼 100% 200% 몰입한 적 없으니 텅 빈 순간들이 엄습해 오는 날엔 고향바다를 그리워하며 춤이라도 추고 싶지 않겠소이까 – 보소보소 들어보소 요동하고 요동하고 세상이 요동하고 스러지고 스러지고 열정이 스러지고 쇠진하고 쇠진하고 스승이 쇠진해가고

그래서

나를 충전시킬 수 있는 시간을 갖고 싶소이다

보소보소 들어보소
내 생각마저 원시적 시간들을 사모한 탓에 험한 세상에 태어나서 평온한 삶은 무엇일까 고민하던 중 - 그것은 다름 아닌 벌레처럼 살아가는 것 벌레처럼 살아가는 것 - 그 결과 지난가을 고향 마을에 벌레들이 심호흡할 움막 한 채 마련했으니 이것은 생애에 있어 네 명의 아이를 낳아 노심초사하는 것만큼 권위와 애정으로 뭉쳐진 남편을 만나 시시콜콜 생애를 수놓는 것만큼 운명적으로 대大스승을 만나 잡문에 가까운 글을 쓰는 것만큼 표적 중 표적이 아니고 무엇이겠소이까 - 이젠 비록 내 고향 족제(냇물) 근처에 20미터 높이 팽나무가 없어 제물로 바쳐질 돼지들이 나무 꼭대기에 매달려 고함을 지르지 않더라도 - 돼지가 숨이 끊어진 후 통~ 하고 바닥으로 떨어져 공허의 피바람을 토해내지 않더라도 - 삽시간에 털이 뽑혀지고 부위 부위가 슥슥 갈라지며 슬프도록 청청한 시냇물에 피[血]바다를 이루지 않더라도 - 환상 속에는 그 옛날 그 흔적들이 보물처럼 잠재해 있다 삐죽삐죽 튀어나오고 있으니 - 나의 정체성 역시 그 옛날 비바리의 무의식 - 아니 아니 그보다 오조리에 몰입된 여자라는 것을 누가 부인하겠소이까

그래서 그런지

나를 충전시킬 수 있는 시간을 갖고 싶소이다

보소보소 들어보소
나는 출생의 환경부터가 허접했음은 물론 글을 쓴다 하면서도 아웃사이더에 불과하나이다 게다가 과일 하나 모양 나게 깎을 줄도 모르고 그 흔한 골프부킹에도 도전해보지 못한 왼손잡이 콤플렉스가 있지 않소이까 그뿐만 아니라 덜렁덜렁 덜렁거리는 불완전한 존재가 아니더이까 암암 그렇고 말고 어디 그뿐이오리까 삶의 행간에 묻어버리고 싶은 형체 없는 시간들은 어떡하구 - 학교교육까지도 헉헉대며 짜깁기 교육들을 받아 왔으니 비천한 여자의 무의식이 뼛속 깊이 짓눌림당해 숨이나 쉴 수 있었겠나이까 그러나 그게 삶의 에너지였소이다 충만한 삶과는 거리가 멀지만 그게 삶을 가동시켜 주는 엔진이 되었고 허기虛氣를 보양해 주는 원기元氣가 되었소이다 - 그 속에는 화려한 분노가 웅크리고 있어 글을 쓰는 여자로 변모되었고 채워지지 않는 공허만이 완전함과 불완전함의 경계선에서 뛰어놀다 퍼즐놀이 하는 운명을 즐기게 했으니 - 안개 같은 시간 속에 발뒤꿈치까지 꼭꼭 숨겨 세상을 이 모양 저 모양 응시하던 여자가 아니고 무엇이더이까

그래서 그런지
나를 충전시킬 수 있는 시간을 갖고 싶소이다

보소보소 들어보소

충만치 못함이 생명력이 강해 살고자 하는 의욕이 강하기 때문이오리까 결과보다 과정을 사랑한 결과 주어진 삶을 치열하게 살아왔기 때문이더이까 그러다 보니 하나님도 수천 리 수만 리 멀어져 있었고 친구들도 멀리서 응시할 뿐 좀처럼 말이 없었나이다 이것은 내게 있어 천상과 지상을 통해 사랑하던 것들을 잃어버린 대大사건이 아니더이까 - 그 결과 지워버릴 수 없는 눈망울들이 내 꿈속에서 뛰어놀고 있으므로 씁쓰레한 무의식은 고향 개울가 족제 - 팽나무 위에서 죽어가던 돼지들의 형상과 크게 다르지 않소이다 - 나 이제 본질적 세계로 돌아가 사람처럼 살아가며 흙냄새를 맡을 기회가 온다면 진정 존경하던 그 눈망울들을 심장 한복판에 성스럽게 초대하여 회포의 글이라도 쏟아내겠소이다 펑펑 - 그때 비로소 시간의 춤사위가 신실한 초상화肖像畫라도 그려내지 않겠소이까

그래서 그런지
나를 충전시킬 수 있는 시간을 갖고 싶소이다

* 태왁: 해녀가 해산물을 캐낼 때 수면에서 몸을 의지하거나 헤엄칠 때 사용하는 부유浮游도구

* 망사리: 해녀들이 채취한 해산물을 넣어두는 그물망으로 '태왁'에 매달아 한 세트를 이룸

* 족제: 마을에 있는 청청한 시냇물

파도타기

창파를 질주하던 여객선이 태풍 속에서 방황하는 모습이다 고함을 지르며 항해를 하는데도 침몰 직전에서 휘청거리는 형국이다 엔진의 기능과 항해의 기술은 생명과도 같은데 그 줄을 놓아 풍파 속에서 비명 지르고 있으니 항구에 도달할 수 있는 저력이 있겠는가

삶도 그와 다르지 않는 것!
붉은 파도 위에서 춤을 추다 조각이 나고 마는 것!
그러나 기능 좋은 여객선은 파도타기를 조율하는 마법의 항해사다 삶의 승리자는 태풍에 대처하는 초췌한 눈동자의 침묵이다 폭우가 몰아쳐도 방향의 키key를 잃지 않는 항해사가 되어 파도타기 명수로 거듭나는 엔진이다

그때 비로소
붉은 태풍과 검은 안개도 장막을 철수하며 짙푸른 항구를 연출
시키럇다!

무인도無人島 - 그 섬에는 파도가

파도여슬퍼말아라

파도여춤을추어라

끝없는몸부림에파도여파도여서러워마라

솟아라태양아어둠을헤치고찬란한고독을노래하라

빛나라별들아캄캄한밤에도영원한침묵을비춰다오

불어라바람아

드높아라파도여파도여

- 정훈희 〈무인도〉 중에서

가요 무인도無人島는 나에겐 가슴 벅찬 대형 거울이다
이 곡에는 패티김의 빛과 그림자 윤심덕의 사의 찬미가 내포된

듯하여 그 영혼들이 울부짖는 메시지 - 아니면 내가 그 영혼들을 위로하는 관점에서 음미하는 곡이다

나는 이 가요를 감상할 때면 기쁨과 슬픔 - 그에 대응하는 무거운 에너지가 파도처럼 몰아친다 때로는 고요함 속에서 숨죽여 우는 파도의 춤사위 때로는 갈매기의 깊은 밀어密語 때로는 붉은 햇살의 부르짖음으로 다가와 숨통을 조일 때가 많다

침묵을 응시하는 별과 달의 배려로 인해 오감五感이 전율하기 때문일까

아니다 그에 앞서 윤심덕과 김우진의 혼백魂魄이 오랜 시간 서성이며 음음음음 랩송rhapsong을 부르고 있기 때문이다

무인도는 그들의 삶을 품고 있는 철학적인 가요로 형상화될 때가 많아 나는 그 섬 자체를 그들의 혼백의 집으로 여기고 있다

사랑은나의행복사랑은나의불행 사랑하는내마음은빛과그리고그림자
 그대눈동자태양처럼빛날때나는그대의어두운그림자

- 패티김의 〈빛과 그림자〉 중에서

왠지 가요 〈빛과 그림자〉는 내 스스로가 그들의 사랑의 과정이라고 설득당할 때가 많다 김우진은 사랑의 골수骨髓인 빛과 그림자 속에서 괴로워하다가 윤심덕에게 〈사의 찬미〉 가사를 바쳤기 때문이다

그럼 몽환夢幻처럼 흐느끼는 정훈희 〈무인도無人島〉 속에는 그 어떤 타당치 못한 얘기를 접목시킬까

1920년 초반기 극작가 김우진은 가정을 가진 유부남과 유교 집안의 장남으로서 미혼인 윤심덕과 사랑을 나누기엔 난처한 상황들이 많았다 관비 유학생인 성악가 윤심덕은 사랑이라는 미명美名 아래 자신의 영혼을 김우진에게 맡겼으니 내가 그들의 사랑을 무인도의 웅장한 침묵과 형상화시키며 몰입하다 보니 그 노래의 맛이 달착지근하게 되었다

〈빛과 그림자〉- 그 가요 역시 그들의 사랑의 과정으로 다가오며 마침내 〈사의 찬미〉까지 연결되기 시작했다

그들의 생生에는 천국과 지옥이 공존하고 있어 나에게 삶의 참맛을 안겨 준 셈이다 그들의 삶과 죽음이 뿌연 안개로 변신하여 자연 앞에 서성였기에 그들은 참사랑이라는 이름으로 사死의 찬미를 실현하며 무인도의 주인공으로 거듭났기 때문이다

나는 나름대로 그런 공식을 만들어가며 정훈희 〈무인도〉를 감상하고 있다

광막한황야를달리는인생아너는무엇을찾으려왔느냐
이래도한세상저래도한평생돈도명예도사랑도다싫다

— 윤심덕의 〈死의 찬미〉 중에서

모든 것엔 흑과 백이 존재한다

행복과 불행이 존재하고 양과 음이 존재한다 영원한 사랑과 영원한 행복이 존재하지 않음을 암시한다 뮤지컬 〈로미오와 줄리엣〉에서도 그들의 사랑의 결말을 예견이라도 하는 듯 항상 미모의 무용수 저승사자가 따라다녔던 것처럼-

세상은 이처럼 유동流動을 멈추지 않으며 생멸生滅을 거듭하고 있다

그러므로 김우진과 윤심덕은 〈사의 찬미〉를 통해서 무인도의 백사장에서 반짝이는 모래알로 괴석 틈에서 흐느끼는 파도로 자신들을 응시하는 회색빛 갈매기로 검붉은 태양으로 밀어를 나누는 별빛으로 음음 거릴 수밖에 없다

1926년 그들은 〈사의 찬미〉를 완성시켜 일본 오사카에서 레코드 취입을 한 후 한국으로 귀국하던 중 관부연락 선상에서 현해탄에 동반투신함으로써 그들의 死의 찬미는 거대한 스캔들로 조선반도를 떠들썩히게 했다

인간은 이처럼 걸어가야 할 길이 불완전함에도 불구하고 모든 것이 완벽한 것처럼 생각할 때가 많다 그러다가 불현듯 뒤를 돌아보게 되면 눈 쌓인 들판에 발자국이 화신처럼 새겨져 있어 다시 한 번 존재감을 검토하기에 이른다

하지만 모든 사랑은 어느 시점에 가서는 한계점에 봉착逢着한다 김우진과 윤심덕도 한계점을 미학적인 관점에서 처리하기 위해 빛과 그림자의 화신들이 될 수밖에 없었고 참사랑이란 이름으로 찬란한 죽음을 실현할 수밖에 없었다

갈 곳 몰라 방황하던 그 영혼들은 현해탄 물살이 몰아치는 대로 떠다니다가 안식처라고 할 수 있는 이름 모를 무인도無人島에 정착 - 감성이 허약한 자들에게 삶의 색상이라고 제시해주며 그들만의 예술혼藝術魂을 남기고 있다

그들의 영혼은 오늘도 무인도에서 바람이 되어 파도를 일으키고 있다

칠흑 같은 바다 속을 헤치며 새벽이면 붉은 태양으로 솟아나고 찬란한 고독을 노래하고 존재를 관념 속에 묻음으로써 무인도의 거대한 혼백으로 탄생되고 있다

눈으로는 보이지 않는 것 느낌으로만 접근할 수 있는 것 - 그 모든 것을 아름다움이라고 종결지으며 고통 없는 행복은 행복이 아니라고 제시해 주고 있다

그로 인해 나는 정훈희 〈무인도〉에 몰입하여 나만의 감상법을 배운 셈이다

무인도 그 자체가 삶의 뿌리라고 생각하며 그 냄새를 좋아하게 된 것이다 그 섬에 깔려 있는 특유의 에너지와 묘묘한 냄새 그들의 영혼을 감싸고 있는 붉은 기운과 삶의 철학이 회색과 보라색으로 승화되었으므로 나는 고독이 힘겨워 몸부림치는 그 섬 - 무인도無人島를 좋아하게 된 것이다

사랑은 음음 → 빛과 그림자 음음 → 死의 찬미 음음 → 무인도無人島 음음 → ★ ☀ ☂ ♌ ☺ ☹ ☻ ◕ ―

나열한 것처럼 그들의 삶과 죽음의 과정은 내가 숭배하는 과정이

기도 하여 미래의 시간 속에서도 나는 희로애락 喜怒愛樂 이 묻어 있는 〈무인도無人島〉에 깊이 몰입하여 목청껏 이 가요를 감상할 계획이다

파도여슬퍼말아라
파도여춤을추어라
끝없는몸부림에파도여파도여서러워마라
솟아라태양아어둠을헤치고찬란한고독을노래하라
빛나라별들아캄캄한밤에도영원한침묵을비춰다오

★ ☀ ☂ ⛱ ☺ ☹ ☯
★ ☀ ☂ ⛱ ☺ ☹ ☯

목련이 툭툭 터지는 날

음음
인연이면 다 인연인가

늘상 만나 웃는 일 잦다 해도 사람이 사람을 향한 마음의 통로가 어디 그리 순탄한가 짧은 인생 살면서 마음에 와 닿는 인연 어디 그리 흔한가 사람과 사람과의 관계는 오묘하고 야릇한 유희가 아니던가 만나서 껄껄껄 부자가 되는 사람이 있는가 하면 눈 마주하기 힘들 정도로 혼탁한 관계도 없지 않으니 이 험한 세상에서 가슴 복판에 꿈인 듯 생시인 듯 나를 옭아매는 인연이 있으니 그 독한 인연과는 전생에 어떤 계약이 맺어졌던 것일까
형제자매와의 도타움이 이보다 진득할까 부모 자식 간의 정이 이처럼 붉게 타오를까 오늘처럼 목련이 툭툭 터지는 날이면 내 어찌 그

인연을 기억하지 않을 수 있으랴 귀하고 소중하여 차마 내 입으로 중얼거릴 수 없는 그 지독한 인연을 내 어찌 섣불리 백지 위에 그려 가랴 마는 오늘처럼 목련이 툭툭 터지는 날이면 눈물겨운 임과 소리 없이 마주 앉아 그동안 가는 길에 별 어려움은 없었느냐고 이젠 운명의 무릉도원이 되어 편안해졌느냐고 안부라도 묻고 싶은 심정이니 누가 끈질긴 인연을 질타할 수 있으랴 '낯선 곳에서 하룻밤' 쉬고 싶어 여행을 떠난 줄 알았는데 100일 지나고 1,000일이 가까워도 골방의 전화벨이 울리지 않으니 망측한 춤사위가 아니고 그 무엇이랴

음음
인연이면 다 인연인가

방황 - 도심의 네트워크

도심 속 파노라마
현대인의 분주함은 행복과는 거리가 먼 이벤트 적 삶에 불과하다 '세상'이라는 무대에서 신발도 신지 않고 밤길을 걸어가고 있어 생명 있는 것들에겐 '개념 있는 개념'은 회색지대에 매장되어 있다
야망과 열정만이 경계 파괴의 삶을 살아갈 뿐 - 인생의 거대한 '상선'이 어디로 항해하고 있는지 그 행방이 묘연하다
현대인이 달려가는 정점은 무한질주 속에서 방향 없이 달려가는 파랑새 증후군에 지나지 않음에도 각자 주인공처럼 만개한 꽃이 영원히 지지 않으리라 착각하며 회색지대와 동행한다
이 현상이 도심 속 사람들의 파노라마다
특히 이 속에서 살아가는 도시인은 순금이 아닌 이미테이션이므로 추구하는 삶의 흔적은 갖가지 표정으로 연출되지만 개펄 속에 파

묻히고 마는 현상이다 독버섯처럼 치솟는 문명의 틈바구니 속에서 가까스로 실존의 흔적을 남기기 위해 산소호흡기를 찾아 시간과 시간 사이를 방황한다

도심 속 이미지는 회색지대가 아닐 수 없다 정답이라곤 존재하지 않는 사회에서 사람들은 '삶'이라는 증후군 – 가지각색의 증후군에 시달리고 있는 형편이라 병자 아닌 군상들이 없다 문명의 매서운 위력에 항복하며 순수함이 매장당하고 있는 실정이라 이곳 사람에겐 계곡의 공기처럼 청량함이 넘치는 미래가 존재하긴 어렵다

현대인은 문명을 조종하는 마력의 위인이다

플라스틱머니라고 할 수 있는 신용카드의 주인主人 – 두뇌와 인간관계를 무감각하게 둔갑시키는 컴퓨터와 스마트 폰의 대주大主 – 인간미의 경계선상에 버티고 서서 층간소음도 대화로서 해결하지 못하는 전사戰士 – 어느 것 하나 도심 속에서 살아가는 현대인에겐 숨통 트일 만한 것이 없어 문제 아닌 것이 없다

어디 그뿐인가

현재와 미래를 위해 치열한 도전자이면서도 유행처럼 휘도는 황혼이혼 – 해체되는 가정 못지않게 죽순처럼 솟아나는 싱글 족 별천지 – 당당한 재혼과 자유연애 – 적지 않은 자살자 – 자식들의 무관심으로 인한 노인들의 고독사 – 누구를 막론하고 너나없이 그 상황에 중독되어 가고 있어 삶을 갈구하는 현대인이 '삶이 아닌 삶'을 살아가는 것은 부정할 여지가 없다

도시인은 청청한 바다를 그리워하는 상어의 모습이다

요즘은 문명의 바이러스가 '시골'이라는 세포까지도 마다하지 않고 침범하는 세상이지만 도심 속에서 투쟁하는 군상들은 더욱 육중한 콘크리트에 짓눌린 채 살아가고 있어 빠져나올 수 없는 덫에 걸린 채 호흡하는 입장이다

파랑새 증후군

2년 전에 거닐던 호숫가가 아니었다 —
나는 다시 지중해처럼 드넓은 바다가 보고 싶어 해변을 거닐고 있었다
꿈에 그리던 고요한 바다 - 갈증 속에서 염원하던 지중해가 뇌리를 따라다녀 그곳으로 여행을 떠났다
그 사람과 떠나는 여행이라 맛이 시큼하긴 했지만 보이지 않던 곳의 세계가 미로처럼 다가와 웅크리고 있던 욕망의 세계가 꿈틀대기 시작했다
비로소 유럽과 아시아를 연결하는 보스포러스 해협에서 '크루즈'에 탑승했다 예상과는 달랐지만 잠잠함 속에서도 몸부림치는 파도를 보노라니 부서지는 물살이 정신을 끌어당겨 생수를 마신 것처럼 목줄이 느긋했다
오랜만에 동행한 동료들과 들이키는 맥주 한 잔은 삶의 찌꺼기와 갈증을 해소시켜 주었고 그동안 살아온 삶의 흔적을 돌아보게 하며 지중해의 파도와도 무리 없이 조화를 이루었다
지중해의 파닥거리는 물살은 앞만 보고 살아가던 나에게 낭만의 세계 - 미묘한 세계로 끌어가더니 현해탄에 몸을 던져 파도와 함께 분해된 김우진과 윤심덕의 마지막 순간까지 떠올리게 했다
거대한 이상理想 - 생멸의 순간이 아닐 수 없었다

온갖 상념들이 파도와 맥주에 취한 듯 휘청거리기 시작했다 문제는 순간 몸 전체를 물살에 던져 다시 또 잡아도 잡을 수 없는 그 세계에 도달하고 싶은 욕망에 사로잡히기 시작했다 파도 속에 영혼까지 내던져 현실과 이상 – 환상의 세계까지 알몸으로 유랑하며 천상의 세계까지 도달하고 싶었다 음음 부정하진 않으리라 그 세계에 도달했음을 인정하리라
하지만 심신을 마르게 할 갈증이 앞으로도 파닥이는 영혼을 희롱하기 위해 쓰나미같이 몰려올 것은 뻔한 일 – 시대와 동행하는 도시인으로서 대책없이 밀려오는 파랑새 증후군을 극복하기 위해 땀을 흘리는 것은 운명임을 실감했다
욕망과 야망은 질퍽한 뻘 밭 – 그 밭에 두 발을 내디디면 어렵지 않게 닿을 것 같아도 묘하게 닿지 않는 검붉은 늪지대 – 정녕 도시인의 갈증은 여성의 근본적 욕망과 다를 게 없음을 깨달았다
음 그렇고말고… 누구든지 이곳에 존재하는 한 – 존재하지 않는 지중해까지 횡단하고 싶어 중병을 앓게 마련이니 그것은 도심 속에 살아가는 현대인의 고질병 – 짊어지고 가야 할 운명의 배낭임이 분명했다

공감하기

워런 버핏은 '죽은 다음에도 5년간 일을 더 하겠다'고 선언한 사람이다

대단한 열정가가 아닐 수 없다 마음 깊은 곳으로부터 삶의 욕망이 우리를 끌어갈 때 그 욕망에 귀를 곤두세워야 함을 깨닫게 한다 욕망이 흐르는 데로 일상을 바꾸고 – 하고 싶은 일을 함으로

써 그 삶을 사랑하며 전문가가 된다면 금상첨화가 아닐 수 없다
문제가 되는 것은 인간의 욕망과 야망은 그 끝이 없다
한계가 있음에도 영원할 것처럼 질주를 하는 데 문제가 있다 인생은 전진과 후퇴를 병행하는 게임임에도 링 위에서 쓰러질 때까지 내려올 생각을 하지 않는다
잡을 수 없는 야망을 좇아 에너지를 광적으로 소진하는 것보다 삶에 있어 바람직한 것은 마음의 평화를 얻는 것이 우선이다
무엇이든 하나가 필요할 때 그것으로 만족해야 하는데 둘 - 셋을 가지려면 문제가 생기기 마련이다 그때는 두 개는커녕 하나마저도 잃게 되므로 우리들은 그것을 깨닫지 못하고 질주하는 데만 전력한다
잡은 것에는 만족하지 못해 멈춤의 미학을 등한시하는 것이 사람이다
행복은 늘 곁에 있음에도 산 너머 또 다른 행복이 존재할 것 같아 파랑새를 쫓아간다 비전을 위해 전진하는 것은 나쁘지 않지만 진정한 프로는 자기 철학과 개성을 살려 '삶'이라는 링 위에서 경기를 지혜롭게 즐기는 사람이다
멈출 줄 모르는 열정과 야망은 삶의 원동력이 되기도 하지만 100점만을 향해 달리는 사람에겐 결코 만족이 존재할 수 없다 이것은 인간의 모순점과 한계점이므로 도시인의 비애가 아닐 수 없다
도시인에게는 야망이란 괴물이 정신 내부에서 반란을 일으킨다 마음 깊은 곳으로부터 통제될 수 없는 욕망에 매혹당해 파랑새 증후

군에 시달리곤 한다
욕망과 야망이 이끄는 삶은 사막 속을 헤매는 낙타의 형상이 아닐 수 없다 넓은 사막 어딘가에 존재할지도 모를 오아시스 - 꿈과 환상 속에서도 만나볼 수 없는 그 생명수를 찾아 사막에서 시달리는 것이 문명 속에 살아가는 도시인의 실상이다
21세기 - 사랑까지도 절제가 필요한 시대가 아닌가
제어될 수 없는 욕망과 야망은 영혼까지 피폐해지고 갈등과 방황 - 스트레스를 초래하여 몸속에 악성 바이러스를 키워간다

문명인 증후군

짐승의 울부짖음 같은 그 괴괴한 소리

어디선가 '문명인'이라는 화두 속에 괴물의 소리가 들리는 듯한 그곳에서 욕망에 찬 군상들이 핏기 없이 나른한 정신을 채찍질하며 군중 속에 휘말린 채 빌딩 숲을 배회한다

햇볕이 부족해 혁혁대는 순간임에도 연然이 없는 연然 속에서 콘크리트 벽을 향해 산제사를 지내고 있다 무연無然 세계에서 덩실덩실 춤을 추지만 거리에 나서면 웅성거림 속에서도 고독한 행렬을 이탈하지 않으려고 퍼포먼스를 벌리고 있다

타인을 믿지 못해 마음을 쉽게 열지 않는 빌딩 속 세계 - 색상 짙은 선글라스를 뒤집어쓰고 세상을 응시해야 하는 도심 속 세계 - 진실이 실종되어 가면축제 속에서 탱고 춤을 추며 신호등을 기다려야 하는 이미테이션의 세계 - 도심의 군상들은 잔혹하면서도 찬란한 그 세계에서 조심스럽게 연명

해 간다

육체에는 색조 찬란한 휘장을 두르면서도 영혼에게 먹일 양질의 비타민을 찾을 수 없어 베갯잇을 적실 때도 없지 않은 듯 - 그러나 '삶'이라는 시간 속에 '인내'라는 보험을 가입해 나름대로 생生의 목표를 세우며 길이 안내하는 대로 걸어가고 있다

귀동냥을 하며 이 마을 저 마을 들르다 보면 그곳에서 자유를 선언하는 골드미스와 골드 미스터 - 간간이 위선도 오픈한 채 함께 살아가는 유부남과 유부녀 여건이 되지 않아 아이를 갖지 않는 신혼부부 그와는 다른 불임부부 - 국민의식을 지닌 건강한 부부들의 시험관 아기 - 부모를 등지고 판을 치는 군중들이 적지 않아 가족의 이상현상을 관람하게 되니 기후에 따라 우울증세가 있는 '나'라는 군상도 유연有緣의 세계 - 그 시절이 그리워서 새삼 가슴속 깊은 강을 응시할 때가 많다

공감하기
현대인은 감당 못 할 혜택을 누리기도 한다
하지만 고립된 인과 관계 속에서 살아내기 위해 절대고독 속에서 살아가는 것은 사실이다 인간관계가 희박해져 옆집에 어떤 사람이 사는지 또는 극단적인 상황까지 이르러도 그 상황의 절박함조차 쉽게 알아채지 못한 채 살아가는 군상들이 적지 않다
특히 도시에는 남녀노소 할 것 없이 홀로 살다 홀로 죽어가는 상황이 벌어져도 무감각한 현상을 보이며 몰인정한 풍경이 상영되고 있다

그 이유는 가족과의 연결고리가 끊어져 독거를 하기 때문이기도 하다

초기에는 노인문제가 심각한 현실로 다가왔지만 문명의 해택을 받기 위해 개인적인 삶을 중시하는 젊은이들의 도시생활 – 결혼의 중요성을 소홀히 하는 관계로 애완동물만을 키우며 살아가는 여러 종류의 사람들 – 모든 세대 커플에 이르기까지 유행처럼 다가오는 가족분열 – 시골도 그런 현상이 많겠지만 도시생활은 더욱 그 현상이 두드려져 사스처럼 퍼져나가는 실정이다

이런 현상은 앞으로 모든 세대 – 그중에서도 젊은 세대들이 각오하고 준비해야 할 도시인의 미래상 – 현대인의 미래상으로 부각될까 염려된다

현대인은 막연한 공포감에 휩싸여 현실부정적인 자세를 취하기보다는 무연無然사회가 주는 병폐 – 현대문명이 주는 장점과 단점을 정확히 진단하며 '삶 아닌 삶'을 과감하게 잘라내시 '삶 같은 삶'을 살아가기 위해 머리를 싸매야 할 입장에 놓여 있다

이런 삶을 살아갈 때 삶의 목표가 보이게 되고 미래를 준비해야 할 의욕이 생기지 않겠는가 무연無緣사회의 도래를 증명하는 다양한 사회현상과 눈앞에 펼쳐질 미래의 모습 그리고 이 사회에서 도시인이 선택할 수 있는 삶이 무엇인지 담담하게 고민해야 하는 순간이다

자유의 상징인 무연無緣사회 속에서도 최소한의 인간으로서의 도리를 취할 때 죽음에 대한 공포도 사라진다 어쩌면 그것은 유연

有緣사회를 유지하는 조건의 특징이 관혼상제 시스템일 수도 있기에 고립된 삶을 벗어나기 위해서는 그 문제에 대해서도 고민할 때라고 생각된다 도심에 사는 현대인은 대부분 무연無緣을 꿈꾸고 있는 사람들의 집단으로 구성되어 있어서다

피상적으로 도시생활은 찬란하고 자유로워 매력 만점이다
그 후유증은 사람들이 유연有緣사회로부터의 탈출극을 시도하며 부모형제와 촌락 - 관혼상제로부터 도망치려고 애를 쓴다해도 탓할 수야 있겠는가 문화조건과 그 해택이 시골과는 비교가 안 되므로 학생들도 당연히 고등학교를 졸업하게 되면 산골에서도 도시로 진학하는 젊은이가 많게 마련이다

이런 현상은 당연한 것이면서도 근본적인 문제 - 핵가족화로 인한 가족해체 - 부모와의 격리된 삶 - 심지어는 부모의 고독사까지 초래하게 되니 현대인 - 특히 도시인은 무연無然사회로 진출하는 데 필연적인 역할을 한 셈이다

무연無緣화 리스크

일본의 종교학자 '시마다 히로미'는 일찍이 인간은 무연을 이루기 위해 유연사회로부터 탈출을 꿈꿨던 시기가 있었다고 선언한다 그는 영화 〈ALWAYS 3번가의 석양〉을 소개하며 1950년대에 들어서면서 전쟁으로 황폐해진 일본에 다시 일어설 수 있다는 희망이 나타나게 된다고 역설한다 일본 사회는 이때부터 고도경제성장기에 돌입했음을 알 수 있다

고도경제성장기는 1965년 말까지 계속되었고 이때 지방과 농촌에서 대도시로 향하는 대규모 인구이동이 일어나게 된다 그야말로 무연을 희망하며 유연사회로부터의 탈출극이 벌어진 셈이었다
그러나 요즘은 유연사회를 이뤄나가기 위해 도시에서도 많은 노력을 하고 있다 도시생활에서의 인연 맺기 작업을 위해 구청에서의 여러 가지 문화사업 – 기업에서도 촌락공동체까지 구성하며 관혼상제를 담당하는 부서까지 생겨나고 있다
무연화 사회는 그 계기가 샐러리맨 사회가 제공한 부산물이다
농촌에서도 중고등학교까지 부모와 함께 기거하다 대학 때부터 도시생활과 접하고 있으며 졸업 후에도 불황을 경험하는 등 모든 것이 순탄치 않을 때가 많으므로 자연적으로 무연사회를 연출시킬 수밖에 없는 현실이다
결론이 순조롭다 하더라도 세대 계승이 불가능한 샐러리맨 사회 – 회사에 따라 공동체의 힘이 약해진 기업 예고 없이 들이닥치는 불황 – 그 후유증이 남기는 것이 가정의 무연화 리스크를 초래하게 된다
결혼 압박이 줄어든 샐러리맨 사회가 자연스럽게 형성되고 있으므로 독신자들이 많아 무연사 예비군으로 살아가는 미혼들이 많다
도시에는 요양원도 하루가 다르게 설립 되고 있어 문명의 혜택과 피해도 만만치 않다 장례문화까지도 묘지를 지켜줄 사람이 없으므로 화장 보급이 보편화되어 묘지를 분양하고 분양받기에 정신이 없다 살아 있는 사람도 거창한 장례식과 허울 좋은 묘지는 사치라

며 자식에게 의존하지 않는 죽음 방식에 순종한다
도시생활은 참으로 두려운 천국이다
인간관계가 희박해짐에 따라 한때 인기를 누렸던 여배우나 아이돌 스타가 죽은 지 며칠이 되도록 방치된 사건 - 지경地境을 불구하고 고독사로 세상을 떠난 고령자의 마지막 쓸쓸함 - 여러 가지 상황만 보아도 이 시대 삶의 유형인 핵가족 현상과 무연사회의 가혹함이 피부에 와 닿곤 한다
무연사회와 상반되는 의미는 유연사회가 아니던가 무연사회가 내비치는 뒷모습의 적막감이나 고독함을 접하고 나면, 연然이 있는 사회는 삶을 살아가는 인간으로서의 이상사회가 아닐 수 없다
고독사는 사람으로 태어나서 가슴 아픈 풍경이다 이런 문제가 도시인의 삶의 풍경 - 현대인의 화두가 되기까진 여러 가지 배경이 없지 않다
죽음은 그 어떤 죽음이든 힘든 세상을 마무리했다는 의미에서 장엄하다 언젠가는 누구에게나 그 숭고한 죽음이 반드시 찾아온다 고독한 인간에게도 고독하지 않은 인간에게도 차별 없이 다가온다 문제가 되는 것은 독신자는 죽은 뒤에도 두렵도록 고독하다 그러나 그 삶은 자유롭게 살았다는 의미가 된다
자유는 대가가 만만치 않은 열정이다
다만 바람으로 돌아갔을 때 구름으로 돌아갔을 때 - 인간은 그때 비로소 대자연이 초월자의 영혼을 평안하게 해준다고 인식하게 된다

이 현상은 도시인 중에서도 '뛰어넘은 자'가 인지할 수 있는 '경지'라고 할 수 있다

티베리우스와 파라시오스

3

사막 - 그까짓 것
푸하하&보헤미안
에스프레소의 마력
핏줄이 땡겼다
티베리우스와 파라시오스
해체 - 포스트모더니즘적 춤사위
만남이 주는 경계선 훔쳐보기
因, 因, 因
원초적 본능
기산심해氣山心海

사막 - 그까짓 것

엄마 잃은 캥거루 새끼가 광야를 그렇게 두려워했을까

그 낙타의 10대 20대의 경계선은 생生의 초점을 잃은 공황상태였음이 분명했다 1970년 초반기 그곳에서 3등선 여객선에 몸을 실어 탯줄에서 떨어진 후 처음으로 '육지라는 곳 - 그 낙타는 그 암자에서 연탄을 나르기도 하고 공양을 거들기도 하다가 연못에서 초연하게 헤엄치는 금붕어를 바라보았을 때 잠재적으로 의식의 전환기 무의식의 전환기가 도래한 듯 꿈과 희망이 알지 못할 그 어딘가에 존재하는 것을 감지했다 그래서 선택한 것이 그레이하운드를 타고 서울에 있는 어느 학교로 —

의식이 무분별한 시절 그 낙타의 순수한 열정은 무의식의 중병까지도 몰고 오게 했으니 그 후유증이 그토록 페이브먼트 위를 달려야 할 미래에 흑점의 거인으로 나타나며 영혼의 뿌리까지 갉아먹을 줄 예측이나 했었을까
그러나 사막 그까짓 것 그 어떤 상황에서든지 생명 있는 것들에겐 그만한 폭풍쯤 없어서야 삶다운 삶을 산다고 하며 그 깊이를 응시할 수 있겠는가

생生은 살아볼 가치가 있는 것 - 생의 동아줄을 놓아버리지 않는 이상 지구는 돌고 돌아 태양은 다시 중천에 떠오르는 것 - 그 진리를 잊지 않는 이상 사막 그까짓 것 - 다이아몬드 원석처럼 고매하면서도 청량고추 쏭쏭 썰어 매운맛을 독하게 낸 아귀찜 같은 것!

푸하하&보헤미안

흙땀을 닦을 겨를이 있었을까

3녀 1남을 키워가는 그 초췌함이란 - 국방의 일익을 담당하는 한 남자의 아내라는 것 외엔 1년 6개월마다 새 부임지를 찾아 이동해야 하는 30여 년간의 보헤미안적인 생활 - 세탁기 유모차는 환상 속의 그림이라 사치에 불과할 뿐 자녀양육과 남자의 발전을 위한 내조만이 삶의 전부를 차지했었으니 - 그 소용돌이치는 환경 속에서도 푸하하 웃음을 잃지 않고 태양처럼 광채를 띠며 피곤한 영혼을 감싸주던 한 그루 나무 - 세찬 풍우 속에서도 그 나무의 몸서리치는 염려와 독한 에너지 그 바둥거림이 양약이 되어 바람의 뇌리에도 깊숙이 전의 - 독한 지병까지도 산화시키며 지금 이 시점 빨 주 노 초 파 남 보 적인 삶을 디자인해낼 수 있었으니

그러나
마소마소 세월이 흐르자
그 나무 변태를 부려 등려군의 첨밀밀을 배경음악으로 한 애절한 시詩 한 편을 누군가에게 보냈을 때 그리고 우연히 그 회신을 보며 몸소 느꼈을 때 푸하하 뇌리 속에 몰려오는 코딱지 같은 공허감이란 –

에스프레소의 마력

한낮의 빛이 어둠의 깊이를 어찌 알겠는가
-니체

인간은 언제나 파랑새 증후군에 시달리는 가냘픈 존재인가
그 낙타는 그 증후군을 극복하지 못해 문학이라는 것을 찾아 망태를 둘러매고 사막을 걷기 시작했지
미친 듯이 이 사막 저 사막을 헤매며 가야 할 시기에 놓쳐버린 학구열에 불을 지피기 시작했지 가족에게 몰입했던 열정으로 문학에 함몰되기 시작하며 잃은 것도 없진 않았지 고통 속에서 느끼는 희열 - 사막의 오아시스에서 느낄 수 있는 생명수 - 그 낙타는 고귀한 순간을 놓치고 싶지 않아 문학에 몰입 그러나 잔인하게 내장內藏에서 끓어오르는 독창성을 찾으려고 노력했지

신 내림을 받는 시골처녀의 정신세계가 신주神主를 향해 열려 있
을 때 광기 있는 무녀가 탄생되는 것처럼 그 낙타도 칼날 위에서
붉은 피를 토하며 그 무게를 감당하려고 땀을 훔쳤지
보소보소 세상은 권태로움 투성이 그 혼란 속에서 심호흡을 하기
위해 실험수필 - 성性에세이 - 아방가르드 에세이 - 심지어는 땅
속에 매장해 두었던 운동과 여행에도 몰입해 보기도 했지
때론 그 낙타 스스로가 하늘이 되기도 하고 땅이 되기도 하면서
아니 그 낙타
거대한 스승 자유로운 의식의 소유자 Y 교수님의 '구름카페'에서
독한 에스프레소를 생수生水로 삼아 도반으로 남을 수 있었으니 -

핏줄이 땡겼다

음음
1+1=2가 아니라 핏 줄 이 땡 겼 다

천재지변으로 배설된 분노의 회오리를 마라아의 마음으로 받아들이고 순간의 찰나를 뭇 시간 속에 휘둘리듯 운명의 네온사인이 뱅뱅 돌아가는 순간 – 나는 새침한 척 선글라스를 끼고 앉아 행인의 모습으로 곁눈질하며 물살 위를 야릇하게 게임하듯 항해航海하면서도 팜므파탈의 시선으로 그 나신裸身을 응시할 뿐 – 지고지순한 여자의 모습으로 그 나신을 응시할 뿐 – 그게 '삶'이라는 바구니의 마음으로 그 나신을 응시할 뿐 – 그러나 보이지 않는 물살의 내장內臟 끝에 상처투성이로 조용히 도사리고 앉아 악성세포의 정체들을 꼭꼭 씹어 삼키다가 각각 토해내기도 하며 태극마크가 새겨져 있는 천 조각처럼 숨 가쁘게 혁혁대며 춤을 추다 광란의 해저海底 속으로 잠수시키기도 하였으니 여전히 나는 태연한 척 – 예술이라는 미명 아래 투박스런 세포들을 쿡쿡 잡아삼키며 침투하고 있는 상황이니 – 그것은 분명 정체불명의 판돈이렷다!

음음
1+1=2가 아니라 핏 줄 이 땡 겼 다

그래서 너와 나는 삶의 응시자 너와 나는 삶의 관망자 너와 나는 삶의 위선자 – 아니아니 너와 나는 세상을 훔쳐보는 관음증 환자렷다 인간의 마음은 하늘과 땅과도 다를 바 없어 그토록 극단적으로 치닫고 있었다니 이것은 세상에 태어난 너와 나의 죄 나의 어머니 죄 너의 아버지 죄로서 주어진 시간을 의식 없이 즐긴 죄 – 고통스럽게 즐긴 죄 – 고로고로 '하늘 아래 죄는 없다' 라는 어느 시인의 한限처럼 그 깊은 강엔 증오만이 가득하니 아니아니 사랑의 불길만이 가득하니 주인공인 그녀의 깊은 바다엔 냄새 지독한 형상들로 가득 차 있었지만 이제 다소곳이 재災로 승화된 그녀의 영혼은 새벽녘 목련 한 송이로 환생되었으므로 세상 사람들아 그녀의 무덤 앞에 비석을 세워줘라 무덤이 없는 기념비가 되지 않도록 산꼭대기 양지바른 곳에 영혼을 안치시켜 우둔한 인간에게 인간의 본성과 사랑의 본질을 가르치게 하렷다!

음음

1+1=2가 아니라 핏 줄 이 땡 겼 다

아하! 통찰을 통해 그녀에게 사랑의 정체를 파악하게 하고 무서운 포용의 힘을 발견하도록 하여 죽어도 죽지 않아 살아 있는 영혼이 되게 하고 헛헛한 사람들의 가슴속에 쓰레기통이 되지 않도록 하여 시대를 초월하는 정신이 되게 하고 그 광풍 속에서도 통곡을 배우지 않도록 하여 또다시 노래를 부르게 하고 음침한 곳을 햇살로 반짝이게 하니 종국에는 영혼의 감옥에서 탈출하게 되는구나 음음 그래서 그랬구나 나 역시 인간은 운명의 노예라고 노래하는 그 여자를 잊지 못하여 순간도 대낮에 혈혈단신으로 골방에 처박혀 앉아 전깃불을 끄고 진한 자색의 묵직한 커튼을 내린 채 차이콥스키 음악뿐 아니라 책상 모퉁이에 붉은 촛불을 켜고 앉아 포도주 한 병을 개봉한 뒤 비몽인 듯 사몽인 듯 그 속으로 몰입되고 말았으니 음음 그렇고말고 – 그 순간은 글을 쓰기 위한 나만의 연출법을 디자인하며 탈출을 시도하는 시간이렷다!

음음

1+1=2가 아니라 핏 줄 이 땡 겼 다

근데 망극한 중언부언은 그만의 아픔 그만의 슬픔 그만의 고통 나만의 응시적 매개체로서 누구도 흉내 낼 수 없는 영혼의 리모델링

이렷다 그러나 선과 악으로 출렁대는 인간의 본성과 심장이 타오르는 듯한 광기 - 영화 속 〈그을린 사랑〉의 '시몬과 잔느와 나왈을 지우지 못하여 그리고 그 여자 나왈에겐 아들이며 강간자인 그 남자를 지우지 못하여 시몽과 잔느 남매에겐 아버지이며 형제인 그 남자를 지우지 못하여 고통을 지우지 못하여 그 잔인함을 지우지 못하여 나 역시 그들의 실체를 보고 이처럼 미련하게 검붉은 와인에 의존하고 있었으니 나는 무심코 앉아 이 세상 행복과 불행을 세인에게 하소연할 뿐 무슨 푸념을 하오리까 - 근데 나왈 당신은 무덤 속에 유유자적하게 앉아 우리에게 명령하고 있었구려 사람들이여 목을 조여 맨 운명의 멍에에 당신을 내맡기지 말지어다 세상엔 황녀 같은 운명이 있는가 하면 쓰레기 같은 운명도 없지 않으렷다!

음음
1+1=2가 아니라 핏 줄 이 땡 겼 다

셰익스피어 작품 〈리어왕〉에도 착한 자의 운명에도 기우는 때가 있다 하였으니 - 우리 이제 '그을린 사랑'의 나왈처럼 운명의 수레바퀴로 들어가 희롱당하지 말지어다 '운명의 여신이여 안녕 안녕'하며 그 실체의 노리개가 되지 말고 창공에 떠 있는 저 별을 향해 터벅터벅 걸어가렷다 - 붉디붉은 딸기는 쬐기 풀 아래서 자란다고 하지 않았던가 거친 비바람은 오월의 꽃봉오리를 흔드는 법이라고 하지 않았던가 독한 뱀 살모사는 화창한 날 어슬렁거리는 법이라고 하지 않았던가 낮은 신분도 꿈이 많은 자에게는 야망의 사닥다리가 되어 준 뒤 그 다리를 오른다고 하지 않았던가 - 근데 그 삶 속에는 충격과 전율과 감동이 잠재해 있어 그게 곧 인생이라고 하지 않았던가 그래서 그 여자 나왈은 분노의 흐름을 차단시키는 것은 오직 사랑 사랑뿐이라 노래하였으니 그것은 인간의 양식 - 그 영화〈그을린 사랑〉이 주는 메시지일지도 모르렷다!

음음
1+1=2가 아니라 핏 줄 이 땡 겼 다

어쨌든 나왈이 알고 있는 그 침묵 속엔 생生을 마감한 여인의 발자취가 있다고 하지 않았던가 어머니가 남긴 두 통의 편지에서 자녀들이 어미의 정체를 알게 되었을 때 구토보다는 충격과 함께 중동지역의 전쟁과 이념과 갈등과 분열과 포기와 증오로 걷잡을 수 없었던 그들의 삶을 통하여 아니 전쟁 중의 전쟁으로 인하여 비극을 승화시킨 사랑으로 잠재울 수 있는 원천을 깨닫게 하였으니 우리 역시 주인공이 되지 말란 법이 있단 말인가 음음 - 한 번 나도 그 감독 '드니 빌 뵈르와 대좌對坐고 싶다 그 심연 깊은 곳이 어디메쯤인지 독사의 눈처럼 응시하고 싶다 음음 어쨌든 심장이 타오르는 이 느낌 - 그 눈동자들이 화면을 뚫고 뛰쳐나와 심장에 꽂힐 것 같은 느낌 - 장차 그 아이의 눈빛이 결국 그 여인의 아들이 되고 그 자매들의 아버지로 연출되는 것을 보더라도 삶은 항상 수수께끼처럼 웅크리고 앉아 우리를 응시하는 괴물이렷다!

음음
1+1=2가 아니라 핏 줄 이 땡 겼 다

이것저것 암호 같은 인생과 영화 속에 스스로 침몰되어 가는 과정들은 내 삶의 과정처럼 모든 것이 침묵이고 내숭이고 묵묵함이고 운명이고 밀고 나가야 할 미래의 과제로서 마침내 예술로의 승화라고 치부한 다음 음음 - '그게 삶이야'라는 어느 방랑자의 묵언을 참고 삼아 음음 - 모든 것엔 '핏, 줄, 이, 땡, 겼, 다' 라는 명언을 삶의 지표로 삼으며 자신의 형상을 들여다보게 하였으니 그래서 그런지 나는 그 암호 같은 말들을 좋아하고 때로는 구상화처럼 펼쳐진 글에는 맥이 빠지는 것은 물론 나에게도 그 여자의 인내력과 깊음 그리고 사랑 - 이런 정서들이 서려 있기 때문이렷디? 근데 그 넋누리를 독자들에게 일러바치는 처절한 형식이 가슴이 아프다 아! 신이여 신은 인간의 방패시니 내 삶을 지켜보시사 나를 불쌍히 여기소서! 이것은 타인의 삶을 노력도 없이 대가도 없이 음음 - 그래 그렇군 하며 먹고 마시고 싶지 않기 때문이렷다!

음음
1+1=2가 아니라 핏 줄 이 땡 겼 다

아하! 인간은 자신을 합리화시키며 자신을 살게 하는 원동력을 키워내고 약속을 어긴 자에게는 비문이 필요 없다는 명언을 중시하며 죽어가는 화초가 되지 않기 위해 기독교인과 무슬림과의 소름끼치는 증오 속에서도 정체성을 찾아가고 그 참혹함을 곱씹게 하며 그러나 그 기억을 뒤로하고 나는 지금 포도주 기운과 검붉은 촛불과 깊은 대화를 나누며 자판기를 갈지자로 두드릴 뿐 카세트에서 흘러나오는 음악 소리 정도만을 구분하고 있는 상황 - 어쨌든 그 여자 나왈은 자식들의 아버지가 누구든지 그에겐 사랑이 중요했고 아이가 중요했고 함께함이 중요했다고 생각하던 여자 - 무슬림인과 '사랑'으로 맺어져 잉태한 주인공이 다시 '공포' 속에서 태어났던 아이들의 아버지라는 사실 앞에 망연자실할 수밖에 없던 사건 - 그리스 신화에서도 기인되었지만 오이디푸스 콤플렉스 전설은 예술의 키포인트로 남아 인간을 조롱하는 주범이렷다!

음음
1+1=2가 아니라 핏 줄 이 땡 겼 다

만약 내 열매가 똑같은 상황을 연출한다면 차라리 나는 그 여자 나왈처럼 '1+1=2'가 아니라 1이라고 밝히는 것이 아니라 묵묵히 대해 大海에 한 몸을 던져 감색의 모시적삼을 휘두르고 광풍 속으로 뛰어들어 이름 모를 무인도의 주인이 된 후 파도의 침묵으로 모든 피를 암시하리 - 헛헛한 흔적을 침묵으로 남기며 번개와 천둥 속에

의식을 침몰시키고 황폐한 이 세상에 가래침을 뱉으리 - 하지만 자신 없소 오직 엄청난 상상력으로 인간을 조롱한 감독 '드니 빌 뇌르'은 캐나다의 전도유망한 감독 - 감독의 극단적인 연출 때문에 나는 인생에 대해 깊이 생각했고 많이 괴로워했다 - 감독이 던진 연출로 인해 정신이 흙탕물이 되었지만 '1+1=2가 아니라 1이라는 진실 앞에 와인을 마실 수밖에 없는 고요한 침묵 - 어쨌든 감독의 극단적인 면이 나와 조금은 달라도 같은 공간에 있는 듯해 와인이 아니라 촛불이라도 마시고 싶은 순간이렷다!

음음
1+1=2가 아니라 핏 줄 이 땡 겼 다

티베리우스와 파라시오스

예술의 강물에는 어떤 위인들이 엽기타령을 하고 있을까

아우구스투스: 나는 로마의 초대 왕이요 완벽한 도덕주의자라고 장담하고 싶소 나에게는 임신 중인 아내가 있었소 하지만 내 앞에 리비아라는 미모의 여인이 나타났소 나는 리비아라는 여자에게 반하고 말았소 그녀를 농락한 것이 아니라 사랑했단 말이오 당시 리비아는 한 남자와 결혼하여 두 번째 아이를 임신하고 있었소 그러나 나는 그녀에게 반하지 않을 수 없었소 할 수 없이 나는 내 아내와 이혼하고 리비아 남편에게 그녀를 포기하도록 압력을 가하고 말았소

아하 그렇군요: 어쨌든 모든 가치와 역사는 은밀한 가운데 존재

하는군요 하지만 아우구스투스 - 당신으로 인한 파장이 당신의 딸 율리아를 외로운 섬에서 쓸쓸하게 죽어가게 했잖아요 티베리우스 가정을 파괴시키고 그로 인해 향락의 역사를 탄생시켰잖아요 어떻게 보면 아우구스투스 당신은 티베리우스보다 더 악질인지도 몰라요 권력을 통해 권위의식을 통해 약자의 생존권을 빼앗아갔으니 말할 나위가 없잖아요 모든 것을 그럴 듯하게 합리화시키고 유유자적하게 발뺌을 해가며 나는 완벽한 도덕군자요 세상에 나 같은 현인은 찾아볼 수 없을 것이요 라고 외치셨잖아요 화약고를 설치한 주범이 성냥을 손에 들지 않는다고 성인군자가 될 수 있을까요 삶은 참으로 아이러니하네요 정답이 없어 보여요 오직 결론은 너도 죄인 나도 죄인 누구를 막론하고 그 이상도 이하도 아님을 다시 한 번 느껴보는 순간이랍니다 황제 아우구스투스여 ―

티베리우스 : 나는 로마의 두 번째 왕이요 세기의 패륜아적인 왕으로 생生을 마감하게 되어 미안하오 내 어머니 리비아가 황제 아우구스투스에게 다시 시집을 가는 바람에 동생을 데리고 아버지와 살게 되었소 하지만 내가 아홉 살이 되자 아버지마저 세상을 떠나고 말았소 할 수 없이 어머니 리비아를 찾아가게 되었소 내 어머니의 남편 - 아우구스투스가 자연스럽게 나의 양아버지로 등장하게 되었소 시간이 지나자 아우구스투스 황제 전처의 딸 율리아의 남편이 세상을 떠나고 말았소 당시 율리아에게는 다섯 명의 아이가 있었는데도 말이오

나의 불행은 그때부터 시작되었소 아우구스투스는 나와 그의 딸 율리아를 강제로 결혼시키고 말았소 하지만 왕은 그 대가로 나에게 많은 부와 영예를 내려주었소 나에게는 사랑하는 아내가 있었기에 가슴이 아프지 않을 수 없었소 내 아내 밥사니아를 잊지 못해 눈물을 닦으며 거리를 헤맨 적도 있었으니 말이오 그러나 나는 새로 맞이한 아내 율리아를 로마에 남겨두고 로도스 섬으로 자진해서 유배 생활을 떠나지 않을 수 없었소

내가 떠나자 율리아는 방탕한 생활에 물들기 시작했소 율리아는 황제인 아버지에게도 버림을 받고 말았소 재기 발랄하고 지적인 율리아는 생전에 많은 남자들에게 사랑을 받았던 여인이요 딸의 정조관념이 희박해지자 아버지 아우구스투스는 율리아! 너는 내 몸에 난 종기에 불과해 하며 그녀를 해안에서 멀리 떨어진 섬으로 유배를 보내고 말았소 그녀는 그곳에서 외로움에 지쳐 울부짖다가 죽어간 것이오

어느 날 황제 아우구스투스는 설사병을 앓다가 세상을 떠나고 말았소 그가 어머니의 성기에서 떨어져나와 울음을 터트렸던 바로 그 방에서 숨을 거두게 된 것이오 사람들은 도덕주의자라고 부르짖던 그 남자의 죽음에 대해서 몹시 수군거렸소 나는 그의 뒤를 이어 행운아처럼 황제가 되긴 했소 그러나 무소불위의 권력 앞에서 두려움을 느끼지 않을 수 없었소 예속 앞에서 권태를 느끼게 되었단 말

이오 나는 오직 한 마리 늑대로만 존재하고 싶었소 화가 파라시오스의 포르노 화폭에만 심취하고 싶었소 내 침실이나 내 별궁의 거실에는 반드시 파라시오스의 그림이 걸려 있었으니까 그리고 나는 자나 깨나 여인들의 구린내 나는 음부만을 탐색하고 싶었단 말이오

아하 그렇군요: 사랑과 예술과 섹스가 고통의 두레박으로 보여지니 가슴이 답답하군요 티베리우스 - 당신은 당신이 지배하던 제국 안에서 늘 방황했더군요 당신은 보기 드문 은둔자 - 황실을 싫어하고 도시를 싫어했던 불행한 늑대에 불과했더군요 누가 뭐라 해도 치욕의 황제 - 여성의 축축한 음부만을 탐색하던 황제로 낙인 찍혔더군요 이탈리아 남부에 있는 카프리 섬에서 가장 높은 곳 - 바다 위로 높게 솟은 암벽의 그늘에서 기이하게 은둔하며 색색의 여자들을 갈망했더군요

당신은 극치의 변태성욕자 - 그 자체를 예술화시키려는 처절한 병자였는지도 모르죠 - 카프리 섬에 스스로 은둔한 황제 - 티베리우스 당신은 자신의 은밀한 욕망을 채울 생각으로 그 섬에 젊은 여자들과 방탕한 남자들을 불러들여 짝짓기를 시키기도 했더군요 자신의 성기를 애무하도록 어린아이까지 불러들였으니 저세상에 가서도 죄 사함을 받을 수 있을까요 - 아참 그토록 극단적인 생활을 갈망하며 혁혁댔으니 당신의 저하된 욕망에 불길이 용광로처럼

타오르던가요 자나 깨나 당신이 갈구하던 그 세계가 극치까지 치달 으며 컹컹거리던가요 그 세계를 광적으로 좋아하던 세기의 티베리 우스 - 당신은 키가 훤칠하고 좋은 풍채를 지녔지만 어딘가 모르게 얼굴은 늘 창백하고 불안하고 침울했다고 들었어요

어쨌든 당신은 매춘부와 애첩 - 귀부인을 당신의 별궁으로 호출해 더러운 짓을 감행했으니 그 시대의 영웅은 영웅이었네요 그런데 그 근원이 무엇이던가요 당신의 어머니 리비아가 아우구스투스 황제 둘째 부인으로 간택되었다면서요 그럼 당신은 왕족의 핏줄이 아니 잖아요 그래서 더러운 피가 혈관마다 용솟음쳤던가요 그러나 당신 어머니 리바이는 황제의 관심의 대상이 되었으니 자결을 하지 않는 이상 피할 수 없는 현실이었겠네요 티베리우스 당신 - 어머니 리비 아를 생각해서라도 온유한 황제가 되었어야죠 하지만 나는 당신을 이해해요 동정이 간다니까요 당신 일생을 훑어보니 가슴 쓰리는 부분들이 없지 않았으니까요

티베리우스 당신 - 놀라운 것은 그 와중에 철학 토론이나 서적들 의 낭독을 즐겨 들었다면서요 늘상 문사들에 둘러싸여 지냈다면 서요 그러나 당신의 뇌리는 불안과 고통에 시달리며 신경 쇠약증에 시달렸잖아요 그런데도 무구한 힘을 과시하려고 원형 경기장에서 까지 멧돼지를 향해 투창까지 던지셨잖아요 그 후유증은 흉막통 을 느끼게 하면서 당신이 무서워하는 그 두려운 죽음의 길로 내몰

았잖아요 무리하지 마셔야죠 몸을 아끼셔야죠 당신의 광기와 묘한 반항심이 당신을 죽음으로 몰고 간 것을 인정하셔야죠 하기야 여러 부류의 여인들과 더불어 노는 도중 – 복상사를 하지 않은 것만 해도 가문의 영광이긴 하네요 주연을 베푼 후 잠을 자다가 죽어갔으니 복이 많은 황제로군요

오죽했으면 당신이 죽어가는 순간 – 당신께서 무의식적으로 일어나려고 비틀거리자 당신을 보좌하던 황실 근위대장 마크로가 지극히 높은 황제 – 당신의 죽음을 재빠르게 도왔겠어요 귀부인의 음부를 미친 듯이 탐색하던 당신의 치욕스러운 그 행동에 고개를 내흔들며 베개로 꾹꾹 누르고 말았을까요 가슴이 서늘합니다 사막의 모래알보다도 사연이 많은 황제이시여 그 모습이 당신이 추구한 최후의 삶이었답니까 하기야 당신이 온전한 황족의 혈통이었다면 미친 사람처럼 여자들의 구린내 나는 그곳을 탐색하면서 목을 축이진 않았을 테니까요 그러나 당신이 요구하는 그 추행을 거부하려고 발버둥치다 품속에서 칼을 꺼내 스스로 죽음의 길을 택한 – 말로니아와 루크레타아라는 여인은 기억하셔야죠 암암 기억해야 되구 말구 되구 말구 –

말로니아의 영혼 : 나는 로마의 어느 계층 – 소위 귀부인의 영혼이랍니다 황제 티베리우스는 어느 날 내 음부를 탐색하기 위해 별궁의 거실로 끌어들였답니다 나는 결사적으로 황제의 성적 요

구에 따르기를 거부했답니다 음탕하고 역한 냄새를 풍기는 늙은이라며 고함을 질렀답니다 그때 나는 젖가슴을 동여맨 브래지어 속으로 칼을 깊숙이 숨겨둔 상태였습니다 결국 나도 루크레티아처럼 자결을 하고 말았지만 세상에서는 그 내용을 줄거리 삼아 운문극이 만들어졌다고 소문이 왕왕합디다 그 대사에는 숫염소가 암염소들의 음부를 탐색하는구나 라는 대목이 있었는데 민중들은 그 시구에 분노하면서도 미친 듯이 카타르시스를 느끼며 박수갈채를 보냈답니다

아하 그렇군요 : 말로니아 당신은 세상을 떠났지만 영혼으로 다시 환생하는군요 무슨 말이 필요하겠어요 아직도 칼끝의 피 냄새가 마르지 않는다고요 눈 뜨고는 못 볼 늙은 황제 티베리우스의 쿰쿰한 냄새가 당신의 영혼을 갉아먹는다고요 하지만 음탕하고 역한 냄새를 풍기는 황제여! 지상 위에 그런 험담과 악담 – 분노가 어디 있습니까 말로니아 당신은 참으로 정숙해 보이면서도 마녀처럼 무서운 여자로군요 미친 여자와 다를 바가 없어 보여요 본능과 광기를 도덕과 윤리라는 커튼에 가린 채 마르지 않는 한이 되어 밀물처럼 밀려옴이 보이네요
하지만 그 모습이 통쾌하고 아름다워 보이긴 해요 나도 세상 사람들이나 다를 바 없이 카타스시스를 느끼는 걸요 어쨌든 당신은 세상 귀부인들을 대신한 희생자 – 당신의 한 많은 영혼의 울부짖음을 통해 운문극이 만들어졌으니 세상의 화제가 아니고 무엇이겠습

니까 어쨌든 말로니아 - 브래지어 속에 숨겨둔 칼을 그곳에서도 꼭 숨겨두십시오 시공을 초월해 티베리우스 영혼이 떠돌아다닐지 누가 알겠어요 오오 가엾은 말로니아 그리고 루크레티아 안녕 안녕…

파라시오스 : 나는 아테네에서 춘화를 창시한 화가로서 누구보다 예술을 사랑했소이다 내가 사랑했던 여자 - 테오도테라는 창녀의 그림을 시작으로 나의 예술은 싹이 텄소이다 소크라테스는 내 그림이 음란하다고 비난했지만 티베리우스 황제는 내 그림과 데생을 수집했고 세네카도 나의 작품에 관심을 가졌소이다 그런데 어느 날 알렉산더 대왕 부친 - 필립포스가 그가 점령한 나라의 포로들을 팔아넘기기 시작하자 나는 나의 예술을 위해 늙은 남자 한 명을 사서 고문했소이다 - 고문당하는 늙은이를 모델 삼아 아테네 여신의 신전에서 프로메테우스를 그리기 위해 돈을 투자했소이다

문제는 노예를 불러 늙은 남자를 심하게 고문해도 그 늙은이는 처참해 보이질 않았소이다 나는 더욱 고문을 심하게 했소이다 그때야 주변 사람들이 그를 측은하게 여기기 시작했소이다 지켜보던 그들이 항의하기 시작했소이다 그때 한 남자가 울부짖었소이다 그러자 나는 - 내가 늙은이를 샀소 그는 내 것이고 나는 전시법에 따라 그를 소유하고 있을 뿐이오 라고 고함을 지르자 늙은이는 그제서야 고통스러운 표정을 짓기 시작했소이다

나는 고문관 노예를 향해 더욱 소리를 질렀소이다 고문을 더 가하라 강도를 더 높여라 그래그래 바로 그것이 잔인하게 찢긴 - 갈기갈기 찢긴 프로메테우스다 격렬하게 죽어가는 프로메테우스의 얼굴이로다 - 그때서야 늙은이는 죽어가기 시작했소이다 - 파라시오스여 이제 나는 죽어가고 있소 - 아니야 네 신음은 아직도 주피터의 분노에 쫓기는 자의 신음이 아니야 채찍을 더 가하라구 더 가하라구 그래 됐다 됐어 - 이것이 나의 회화繪畫 - 모든 예술은 바로 이 순간이니까

아하 그렇군요 : 잔혹한 아티스트 파라시오스여 당신은 그 잔인함 속에서도 최고의 희열감 - 작품의 완성도를 측정해 가고 있으니 신神보다 세상을 더 휘두르고 계시군요 완벽이라는 함정 때문에 예술가라는 권위감 때문에 예술을 빙자한 마술의 힘을 발휘하는군요 예술이라는 필요악이 잔인성의 꽃이라면 모든 주제를 은유 속에 숨겨 놓은 채 미치광이가 되는군요 때로는 무당도 되고 때로는 점쟁이도 되고 때로는 백정도 되고 때로는 망나니도 되고 때로는 선비도 마다하지 않는군요 예술 창조란 혹독한 것 - 아류에 묻히지 않기 위해 언제나 새롭게 탄생해야 되는 것 - 위험과 더불어 그곳에는 반드시 대가가 따르는 것 - 미묘한 형상이 허울 좋은 예술이기에 운명처럼 그 세계를 구축해 나가야 되는 것 - 어쨌든 파라시오스 - 당신은 진정한 아티스트 잔인한 아티스트임엔 하자가 없군요

완성을 추구하는 것이 아니라 극도의 채찍을 가하는 순간 - 됐다 됐어 하고 멈출 수 있는 그 미완의 세계 - 무궁무진한 잔혹함의 세계가 당신이 추구하는 예술세계로군요 그 혹독감 그 극치감 속에서 희열을 느끼는 냉혹함이 당신의 예술세계로군요 당신 파라시오스여 이상적인 예술가는 완전한 존재가 될 수 없군요 예술창조는 위험한 세계 금지된 세계 지독한 영감으로 지독한 자극으로 스스로를 재창출해내는 악마의 형상이군요 고대의 춘화 창시자 파라시오스여 - 채찍을 더 가하라 더 가하라 더 더 이것이 나의 회화 예술은 바로 이 순간이니까… 라고 통탄한 파스칼 키냐르의 실체들을 이해하게 되겠군요 두리둥실 마당에 멍석을 깔고 온갖 제스처로 엽기타령을 하며 예술세계를 이해하게 되는군요 그것은 다름 아닌 예술가의 실체는 극도의 미완성 극도의 미성숙자 극도의 극단자 — 그런 과정을 통해 숭고하게 거듭난 악신들이므로 —

해체- 포스트모더니즘적 춤사위

질주 1
혼돈이라는 괴물과 물질문명의 속삭임이 넌지시 눈웃음을 흘리고 있다
그 웃음 속에는 어딘가 모르게 불안감이 서성대고 있다 언제 넘어질지 모르는 위험요소가 세상을 노려보며 깔깔거리고 있다 덩달아 우리의 초상도 고유의 본질을 망각한 채 초조한 모습으로 유배당하고 있다
순간 음미할 수 있는 매콤한 페이소스 -
연극〈현대인의 슬픈 초상〉을 통해 보이체크와 마리를 훔쳐본다
방향감각을 잃어버린 초상들 무제한의 속도로 어디론가 질주하던 초상들 - 군중 속에 파묻혀 밀물처럼 달려가던 초상들 뒤따라오던 그림자를 핸드백으로 걷어차며 뒤를 돌아볼 인간미도 상실해버린

초상들 미래를 예측할 수 없는 불완전함 속에서 미래를 향해 거침없이 질주하던 초상들을 훔쳐본다
쫓기듯이 샤워를 끝내고 허겁지겁 핸드백을 어깨에 걸머진 채 떠밀려가듯이 액셀러레이터를 밟고 질주하던 초상들 – 사랑의 소용돌이 속에서 목젖이 메말라 현기증을 느끼던 초상들을 훔쳐본다
"널 사랑해 나를 배신하는 그 잔인함까지도 – 그래 맞아 내가 널 사랑했던 건 네가 날 필요로 하지 않았기 때문이야"라고 중얼대던 남자 – 잠시 신호등 앞에 멈춰 서서 낯선 언어들을 더듬어 본다
불투명한 언어들의 춤사위란 무엇인가
누군가가 "가면은 인생에서 가장 멋진 파워 – 세련미의 극치 위선 그 자체는 가면을 쓰고 토해낼 수 있는 절정의 유희"라고 하지 않았던가

질주 2

오오 그렇다
우리의 길은 서로를 옭아맨 채 뱀처럼 비비 꼬여 있다
웅덩이에 처절하게 굴복당해 있다 자취를 감추고 아늑하게 멀어져간 사랑 – 그 뒤에 따르는 아이러니한 공허감과 욕망과 결핍 – 이 모든 것들은 다중주로 변신하며 춤을 추는 무대 위에서 킥킥거리고 있다
시대의 물살을 타고 떠내려 갈 수밖에 없다
운명의 개척을 염원하던 군중들까지도 시대의 중압감과 바겐세

일에 휘말려 쫓겨 갈 수밖에 없다 시대의 공범자들이기에 다큐멘터리의 주인공이 될 수밖에 없다

연극 〈현대인의 슬픈 초상〉에서 보이체크가 떠오른다

밤낮 없이 일을 하던 허망한 남자 보이체크 그 남자는 군인으로서 마리와 아이를 위해 고생한 나머지 자신의 몸마저 인체실험용으로 의사에게 제공할 것을 약속한다 그러나 그의 아내 마리는 군악대장의 유혹으로 그 남자의 품안에 안겼고 이를 알게 된 보이체크는 마리를 죽이고 자신도 자살로 인생을 마감한다

이러한 현상은 연극의 소재만이 아니라 현대사회에 비일비재하게 일어나는 슬픈 초상이다 당신과 나는 그러한 시대 속에서 헤엄치고 있다 익사의 모험을 두려워하며 지푸라기 같은 진실을 파헤치려고 각혈을 토하고 있다

그러니 그 초상들을 위해 제단을 쌓을 수밖에 없다

모험과 환상과 불안과 미지의 세계를 향해 저주를 퍼부으며 질주를 중단할 수밖에 없다 삶의 메뉴가 다양하게 나열된 미묘한 세계를 향해 얼룩진 초상들이 폭소를 터트리더라도 두 귀를 막고 페이소스 같은 유혹을 뿌리칠 수밖에 없다

불면증에 시달리면서도 동참을 외면할 수밖에 없다

시대의 초상들을 위하여 "파이팅! 파이팅!" 외치며 레드 와인 화이트 와인의 축배를 거부할 수밖에 없다 흑장미 같은 눈빛으로 축배를 들고 있는 연회장에서 미친 듯이 도망칠 수밖에 없다 시대 앞에서 고통당하는 보이체크의 영혼을 위하여 마리로 환생해 그

남자 앞에 무릎을 꿇을 수밖에 없다

질주 3
현시대의 초상들은 시대의 와중에서 신음하는 희로애락의 산물인가
하늘 아래 사랑이라는 개념은 존재할 수 없다
바다 위에 낭만이라는 개념도 존재할 수 없다
눅눅한 초상들은 그저 그렇게 어디론가 달려갈 뿐이다 시대의 초상들은 잃고 잃어도 그 잃음 자체가 삶의 본전임을 자각하고 있으므로…
혼돈에 파묻힌 채 선택의 여지도 없던 초상들 – 방향과 목적지가 분명치 않더라도 무지갯빛 그림을 그려야 했으므로 비명소리가 들려와도 냉혹한 마음으로 질주할 수밖에 없던 초상들 – 배고픔이 몰려와도 질주해야 했던 초상들 – 싸늘함이 허공을 찌르더라도 탕탕한 웃음을 지으며 군악대장의 유혹에 넘어가야 했던 마리 그 여자! 그 여자!
보이체크! 마리로 환생해 정중하게 무릎 꿇고 사죄하마 고통스러워하던 네 영혼은 비애감을 느꼈겠지만 그 환란 때문에 애통해 하지 마라 모든 것을 용서해야 그때 비로소 불안의 세계 연옥의 세계에서 빠져나올 수 있으니까 그 자체가 하나의 법칙이고 구원일 수 있으니까 지옥에서 살아남는 방법일 수 있으니까 천상을 향해 줄달음칠 수 있는 공식일 수 있으니까

가난한 영혼이여 조용히 두 눈을 감고 넓은 길을 걸어가라
정로正路를 향해 고함을 지르며 인내의 땀을 닦아보라
불안감과 분노가 껄껄껄 숨바꼭질하더라도 선지자의 제사로 인하여 너의 아내 마리는 건강한 초상으로 환원되지 않았는가

십자가의 우렁찬 그늘 아래서 회개와 죄 사함을 바탕으로 – 보이체스 너와 함께 구원과 부활과 영원을 꿈꾸고 있으니까

만남이 주는 경계선 훔쳐보기

약속이란 단어를 두려워하지 않을 수 없었다
진실이란 단어를 두려워하지 않을 수 없었다
운명이란 단어를 두려워하지 않을 수 없었다

그 여자는 묵묵히 하얀 목련으로 존재하며 한 그루의 나무를 위로하고 싶어했다 그러나 인터넷 사이트를 뒤지다가 눈에 익은 나무 한 그루를 클릭하게 되었다
여느 때와는 다르게 눈에 띄는 작품 앞에서 시선을 멈추고 말았다
무심코 클릭해보니 노란 바탕과 벗이 되어 조화롭게 어우러진 작품이 숭고하면서도 고적한 음악과 함께 돌아다니고 있었다
누군가가 설치해놓은 그 음악으로 인해 그 여자의 심장엔 통증이 일기 시작했다

글이 되지 않아 온종일 초췌한 모습으로 서성이던 그날 작품 속에 숨어 있는 언어들이 음률을 타고 출렁이며 생명력을 지닌 채 벌떡벌떡 움직였다
흰눈처럼 스며들어 리바이벌하며 감상하고 다시 또 음미했다
조심스런 마음으로 자신의 존재감과 정체불명의 존재감을 검토하기에 이르렀다

정말 약속이라고 하는 단어 앞에서는 몰입해야 되나?
정말 진실이라고 하는 단어 앞에서는 처절해야 되나?
정말 운명이라고 하는 단어 앞에서는 항복해야 되나?

그 작품을 대하는 그 여자의 뇌리엔 알지 못할 송구스러움과 함께 장대비가 내리기 시작했다

참으로 기氣가 막힌 막힌
그 나무보다 그녀를 염려해 주는 열매들이 있는데
그 나무보다 그녀를 보살펴 주는 울타리가 있는데
무엇보다
그 여자를 응시하며 지켜보는 수많은 신神들이 있는데
왜 그 순간 작품 속 글자들이 그 여자의 심령心靈을 자극하며 눈가에서 새어나오는 눈물을 훔쳐내게 했던가

그래서인지
죄송한 양심이 갈피갈피 용솟음쳐
마음이 찢어지는 소리들과 해독되는 코드가 연정戀情처럼 접속
되어 두 귀를 막을수록 몽롱한 고막을 뚫고 지나가는 그 소리로
인해 그 찬란한 존재 의식으로 인해

나 역시 불온한 영혼의 소유자가 되어 진실이 잠재된 처절한 뉘
앙스에 긍정하는 순간인가

因, 因, 因

사람은 상처로 말미암아 성숙된 삶을 살아간다
영혼이 건조해 그늘이 없는 사람은 황폐한 사막지대 같아 주변 사람을 질식 상태로 몰고 간다 - 산사山寺의 종소리가 자기의 울림을 통해서 만물을 적셔가듯 상처가 있는 사람의 얼굴에선 물기 머금은 메시지가 보인다

因, 因, 因
낭만의 이상향이 어떤 색상이었는지 그녀에게도 그로 말미암아 절망하던 시절이 있었다
상처의 주범은 그러한 갑옷을 둘러 입고 숭고하게 다가온 사랑이란 놈이었다 긴 머리에 보라색 중절모자 - 23인치 허리를 벨트로 조여맨 보라색 트렌치코트 - 그를 뒷받침하기 위한 핸드백과 새까

만 롱부츠를 몸에 휘두르고 그 세대를 누비던 그녀의 열 아홉살은 꿈으로 가득 차 있어 광채가 넘치고 있었다

그녀의 존재는 정신적인 유랑생활 - 보헤미안 적인 삶에 깊이 매혹되어 깊고도 맑은 세계관에 심취하려고 노력했다

그러한 철학과 믹서되기 위해 레일이탈을 꿈꾸던 시절 - 삶의 과정에서 만남이라는 괴물을 통해 그러한 경지까지 고민해 볼 수 있는 기회는 흔하지 않기에 그러한 체험을 할 수 있는 기회와 접할 수 있다는 것 자체로도 낭만 중의 낭만으로 생각했다

어쨌든 사랑이라는 이름으로 다가온 익명의 그 그림자는 열 아홉살 처녀에게 여러 가지 표정으로 다가왔고 그 상황이 힘에 겨워 고민 속에서 방황하던 그녀는 불안과 두려움으로 인해 어느 동굴로 숨어들었으니 아하! 그것은 아픔으로 범벅된 상처로서 호호탕딩 웃을 수밖에 없었다

因, 因, 因

그녀는 그곳에서 자신의 존재감을 재확인하며 울부짖고 있었다

사랑놀이로 인해 시기를 놓쳐버린 대학입학 - 뜻하지 않게 몇 개월 만에 그곳에서 뛰쳐나와 신학대학으로 입학했지만 그녀에겐 그 일들이 정신적 후유증으로 남게 되어 마음의 병이 되고 말았다

매혹적인 만남 끝에 도사리고 있던 짜릿한 위기감과 이름 모를 악몽들 - 스무 살 가까운 아가씨의 공상과 호기심의 시절들이 그녀에게 이름 모를 불씨가 되어 글을 쓰게 했을지도 모르겠다 그 잔해

가 산사의 종소리처럼 - 찰나 같은 시간 속에서도 영원이라고 착각하게 하며 순간을 통해 잠재된 시간을 더듬게 하는지도 모르겠다 그러나 그러한 순간도 잔인하게 시간의 풍화작용으로 뿌옇게 퇴색되어 갔지만 그녀는 그 당시 그 일로 말미암아 자신에게 들이닥친 절망감을 감당할 수가 없었던 것은 사실이다

因, 因, 因
인간 앞에서는 어떤 상황 속에서도 절대적인 것은 존재하지 않는 것 하지만 어느 날 운명처럼 그녀 앞에 나타난 남자 - 몸이 아파 여름방학에 고향으로 내려갔을 때 십자가처럼 나타난 남자 - 긴 시간 그녀 주변에 큰 나무로 존재하며 그녀가 땀으로 범벅이 될 때 시원한 그늘이 되어주던 남자 - 40여 년 가까이 동거하며 희로애락을 공유하다 보니 입씨름할 때도 없진 않았지만 그 사람으로 인해 깊은 병은 눈 녹듯 치료되었으니 감사한 일이 아닌가
당시 그 사람은 그녀의 절망을 온전히 극복시켜주고 그녀의 고통을 깔끔하게 완화시켜 줄 수 있을 정도로 그녀의 의식이 도취될 정도는 아니었지만 어쨌든 순수하고 열정적인 22세의 그녀에게 그 사람의 지극한 보살핌은 초월적 순간을 가져왔다고나 할까

언제까지나
첫사랑은 순수한 고뇌를 온전히 바쳐야만 하는
절대적인 대상인 줄 알았는데

팍팍한 현실에 권태를 느껴

간간이 꿈과 이상理想에 쫓기다 보면

더러는 파닥거리는 영혼이 되어

방황할 줄

알았는데

흐릿한 안개와 침침한 그늘이

무겁게 드리운 날이면

재 속에 묻힌 불씨가 타닥타닥 되살아날까

두렵기도

했었는데

아하 통쾌하게도

그림자로 서성이는 그 남자는

가슴 가득한 열정으로 비곤한 그 영혼을 치유하며

간신히

간신히 지배해 가고 있으니…

因, 因, 因

습관화된 세상 남자들의 속삭임엔 두 귀를 막아버린 채 마음을 열어 놓지 않는 탓일까 진정한 마음은 저울대가 아니라 순수한

창작이고 땀방울 서린 실천이라고 인정하며 그것을 미화시키는 형용사가 필요 없음을 모르지 않기 때문일까

하지만 생生은 조잡스러운 것

그녀는 이제 몸서리치도록 두려운 허무를 조심스럽게 조율하며 특유의 방법으로 잔인한 시간들과 타협해 간다
오직 한 권의 책이 마음을 자극해 잠들어 있는 영혼이 파장을 일으킬 때 - 틀어놓은 음악이 의식과 무의식을 조롱하며 서로가 집요하게 충돌할 때 - 뒤따라오는 남자의 구둣발소리에 암흑 같은 두려움이 엄습해 와도 백설로 뒤덮인 거리를 혼자서 저벅저벅 걸어갈 때 - 비 오는 날 커튼을 푸욱 내리고 검붉은 촛불을 요염하게 켜서 에스프레소 커피나 적색 와인 한 잔으로 생生의 의미를 처절하게 해부해 볼 때

因, 因, 因
그로 말미암아因 그녀는 고혹적인 순간들을 터득하고 조율하며 영혼의 춤사위로 '궁따덩다 다르르' 하고 장구놀이에 몰입하는 순간이다

원초적 본능

왕의 남자

남녀 간의 사랑이 열정적으로 지속되는 기간은 그리 길지 않다 고 발표된 바 있다 불꽃처럼 열정을 뿜어내는 애정의 순간은 약 2년 정도에 불과하다니 일생을 살아가는 동안 정열적인 이성관계를 가지려면 파트너를 몇 명이나 만나야 인생이 마무리되는 것일까
그 야비함에 질식해 사람들은 무의식 속의 동성애를 동경하며 영화를 통해서라도 머리를 식히려는 것이 아닐까 나 역시 그러한 부류의 영화들이 동성애를 표출하는 작품이기에 기대감을 갖고 극장으로 발길을 돌렸으니
영화〈왕의 남자〉와〈브로크백 마운틴〉은 동성애를 바탕에 깔고 작품을 제작 – 관객들을 끌어모으고 있었다 두 영화 모두가 동성

애인 게이들의 애틋함과 서정성을 담보로 한 영화였다
〈왕의 남자〉에서는 광대와 연산군의 '눅눅한 사랑' 광대와 광대의 '운명적인 사랑'에서 삼각관계를 그려내며 동성애적인 감정을 아프게 토해냈다

내 어릴 적
처음으로 보게 된 남사당패
내 무슨 운명인지 그 장단에 반해서 광대가 되었고
광대가 되어서는 어느 광대 놈에게 혼魂이 뺏겨 놀다 보니 두 눈이 멀었고
왕의 부름 받아 한양에 와서는 광대 짓에 던져주는 엽전 때문에 두 눈이 멀었다
내 이렇게 눈이 멀고멀다 보니
어느 잡놈이
그놈 마음 훔쳐가는 것을 못 보고
그놈 마음 또한 내게서 멀어져 가는 것을 못 보았으니

위 글은 광대 '공길'이를 사랑하는 광대 – '장생'의 쓸쓸하고 아름다운 영혼의 오열이다 사랑은 수학공식처럼 자리가 정해져 있는 것이 아니라 시공을 초월하여 대책 없이 왔다 갔다 한다 – 다가왔던 자리에는 어떤 형태로든 아픔의 가시가 무성하게 돋아나고 당사자들에겐 고통의 업보 – 감수하기에도 벅찬 '형벌의 꽃'을 터

트리게 하며 삶을 농락한다
그러나 사랑은 자신이 안식할 수 있는 평화로운 대자大地 그 대지가 영혼의 초목을 싹트게 하기에 이성 간의 사랑이든 동성 간의 사랑이든 사랑은 지상에 존재하는 예술품 중 가장 거대한 예술작품이다
연산군은 곁에 장녹수가 있음에도 광대 '공길'에게서 또 다른 애정을 느끼게 된다 삼각관계에 놓여진 그들의 동성애적 형태의 사랑은 생각보다 많이 시큼했다
이성 간에 오고 가는 권태에 지친 달콤함보다 어떤 면에서는 보는 사람의 심장을 후벼놓는 사랑이기에 누가 이들의 사랑 형태를 냄새난다 할 수 있을까

브로크백 마운틴
영화〈브로크백 마운틴〉역시 여자와 남자의 애성행사이 아닌 동성애적 작품이다
이들은 브로크백에서의 한 토막 추억 때문에 두 남자 잭과 에니스는 아내가 있음에도 불구하고 긴 세월 동안 서로의 영혼을 **빼앗**기고 말았으니 이성 간의 사랑으로 점철된 우리 사회에 묘한 바람을 불러일으키기에 모자람이 없었다

겨드랑이 속살처럼 깊고 맑은 계곡
무녀의 휘장처럼 슬프도록 짙푸른 초원 위에

댕구르르 뒹구는 수천 마리의 양 떼
그 하얀 구름 떼를 비집고
서로의 옥문玉門을 열어 제치며 킁킁 신음을 키워가는
카우보이 잭과 에니스
그 거대한 우주의 품속에서 진공청소기처럼 서로를 빨아들이는
시큼한 애정행각은
결국 나의 영혼까지 눈물 한 방울 떨구게 하고

두 남자 잭과 에니스는 20세였던 카우보이 시절 '브로크백 마운틴'에서 서로의 감정의 실체가 무엇인지 확인하지 않은 채 미친 듯이 본능을 탐닉하게 된다 인간으로서 귀향과 회귀의 본능을 꿈꾸며 그들의 고향을 만들어낸다
그들은 거침없이 세상의 주인 - 대자연의 주인이 되었으나 결국은 서로의 갈길 때문에 서로의 가슴에 치료하기 힘든 상처만을 남긴다
헤어진 지 4년 후 다시 만나게 된 그들은 1년에 몇 번씩 추억의 장소 환상의 장소인 브로크백 마운틴에서 만나 서로의 사랑을 확인하며 열정을 불태운다
그러나 그들은 여건 적으로 서로 어긋난 관계 적극적으로 그 사랑을 꽃피우려는 에니스에 비해 여러 가지 사연으로 주춤거리는 잭에게 섭섭해 하는 한 남자의 눈빛은 죽음을 예고한다
"이젠 지쳤어 기다리는 것도 -"

20여 년이 지난 후까지도 잭을 기다리던 에니스의 처절한 오열이다 그는 잭의 가슴속에 관객의 가슴속에 지독한 상처만을 남겨놓고 저세상으로 떠나 연옥의 세계에서 헤매게 되고 에니스의 죽음을 실감한 그의 연인 잭 역시 고통과 방황으로 요동했기에 누가 이들의 사랑 형태를 냄새난다 할 수 있을까

원초적 본능

동성애의 실체는 과연 무엇일까

요즘 들어 우리나라에도 게이들의 사랑이 확산되어가는 실정이다 갈수록 남자의 도피처는 이성이 아닌 남자라야만 할까 남자들은 여자들을 기만하는 것일까 아니면 이성과의 애정행각은 권태로워 동성과의 차원 높은 변태행위를 갈망하는 것일까 호르몬 이상 때문일까 소크라테스 아리스토텔레스 알렉산더의 발자취를 사모하며 고고해 보이려는 사지스러운 삼정 내문일까

아니면 현대 여성들의 보이지 않는 여러 가지 횡포와 순결의 한계성에 진저리를 치며 더욱 깨끗하고 순수한 사랑을 찾아 휘도는 것일까

어느 기사엔가 레즈비언의 사랑은 게이들의 사랑에 비해 어딘가 모르게 처참하고 포르노 그래픽적인 이미지가 강하다고 했다 여자로서 열등의식을 느끼게 하는 기사였다 아닌 게 아니라 게이들의 사랑은 왜 한 단계 업그레이드된 사랑처럼 느껴지는 것일까

그러나 여러 가지 측면에서 남자들은 너무나 제멋대로다

20여 년 전까지만 해도 어느 섬에는 일부다처제가 시행되어 왔다 그러나 앞으로 수년 후에는 '일처다부제' 현상이 보편화될지 모르는 세상이다

나는 딸들에게 일회적인 삶이기에 남자 때문에 큭큭 울지 말고 건강하게 살라고 농담처럼 타이른다 앞으로의 세대는 여성들도 자신만만한 모습으로 자기 브랜드를 갖고 살아야 하기 때문이다 꿀통에 푹 빠져 헤어 나오지 못하는 수벌들의 형상을 상상해 보았는가 여성은 남성에게서 그 수벌의 형상을 꿈꾸며 존재감을 확인할 수 있다면 라일락 향기가 아름답겠는가

두 편의 영화가 동성애 작품이라기보다는 인간의 원초적인 형상과 엄숙한 근원 그리고 순수하고 처절한 그 무엇을 그려낸 것처럼 —

기산심해 氣山心海

가을의 영혼은 깊고 청청하다
그 위엔 정신이 서성대고 정신은 또 하나의 시간 위에 존재하며
그 시간 속엔 가을을 등에 업은 긴 침묵이 존재한다
가을이 오면 윙윙거리던 정신은 그 시간과 침묵을 지배한다 그 시간과 침묵 속엔 숱한 삶의 모습이 나뒹굴고 낙엽이 될 잎사귀가 묵중한 모습으로 똬리를 튼 채 케케묵은 형상들을 응시한다
하지만 바스락거리는 흔적의 정체들 그 자체를 포용하는 길—
그건 오직 정신을 망각함으로써 만사를 감싸안는 일 이때 필요한 것은 무엇보다 명상이다 명상을 음미할 때 그곳엔 완전에 가까운 삶이 존재한다 완전한 침묵이 있을 때 가을이 존재하고 삶이라는 딜레마가 존재한다

가을은 우리를 돌아보는 시간으로 명상의 계절이다
명상은 사람을 살아가게 하는 정신적 에너지며 영양제다 명상은 보편적인 생각을 죽이는 데서 일어난다 그때 비로소 가을을 뛰어넘어 모든 것을 초월할 수 있고 봄여름을 고요하게 가슴에 묻으며 겨울을 향한 승화의 경지로 발 디딤 할 수 있어 또 다른 차원의 세계로 가게 된다
그것은 '깊은 응시의 세계이다 자유를 누리고 싶을 때 날개를 퍼덕일 수 있는 고요함 속에서의 정신이다 그것은 가을과 멀지 않은 곳에 존재한다 명상하는 마음은 표정만 있을 뿐 말 속에 모래알 같은 언어를 매장시켰다는 의미와 다르지 않다 – 생각이 완전히 끝날 때 일어나는 긴 침묵이다
이것은 안개가 깔린 호숫가 -가을 끝자락의 긴 침묵 – 말없음과 같다 어느 시인이 토해내는 묵언의 노래처럼 침묵과 침묵 사이에서 알지 못할 표정이 파닥거리는 순간이다

가을은 사랑의 계절 종교적 계절이다
겨울을 맞이하기 위해 준비하는 경건의 시간이다 일회적인 삶에서 그 계절을 의식하지 못하고 살아간다면 숭고한 영혼은 방황하는 영혼이 되어 계곡을 헤맬 수도 있다 그 옛날 할머니가 5일장에 다녀오기 위해 며칠 전부터 때 묻은 고무신을 하얗게 닦아놓듯 겨울을 맞이하기 위해 정신을 닦아놓지 않으면 숨이 가쁘다
삶은 이처럼 위대하면서도 위태로운 것 – 계절을 자각하지 않고

살아가기엔 유한하고 길지 않아 명상하는 마음이 우선이다
무엇보다 종교적 마음을 갖는 것이 중요하다
종교적 마음이란 황폐한 시간 속에서도 폭발하는 사랑이다 이 사랑은 죽어 가는 영혼을 살릴 수 있으며 타인에게 무한한 에너지와 생각들을 제공할 수 있다
하지만 명상을 타인에게 배울 수는 없다 그러한 현상이 명상의 매력이므로 그곳에는 권위도 기술도 존재하지 않는다 다만 그 맛을 음미하기 위해 투쟁하는 자만이 봄과 여름 가을과 겨울을 느낄 줄 안다
좁게는 자신을 지켜보는 것 - 보이지 않는 마음을 통해 자신의 피울음 자신의 걸음새 툭툭 던지는 말투 - 정신의 속절없는 광활함 - 잡담의 형태까지도 살펴보는 지혜가 있어서다
여행을 떠나기 위해 약속을 해놓고도 지키지 못하는 사람들의 복잡한 심중까지도 헤아려 볼 때 대오각성大悟覺醒 하는 마음으로 겨울의 의미까지 깨닫게 된다 자신의 내부에 존재하는 것들을 조심스럽게 깨우치며 명상의 진미를 알게 된다

나도 이런 상황과 맞설 때 명상의 순간과 맞설 때가 있다
몰아치는 파도와 대좌對坐할 때 천둥과 벼락이 산야를 뒤덮을 때 조용하게는 십자가를 바라볼 때 비 오는 날 버스에 앉아 차창을 바라보았을 때 빛과 그림자가 안개 속을 걸어 다닐 때 부모형제의 뒷모습을 묵묵히 바라보았을 때 그리고 깨진 거울을 통해 자신의

형상을 바라보았을 때 화장터에 대기 중인 망자의 초췌함을 응시해 보았을 때 명상이 일어난다

인간의 삶에는 시작과 끝이 있지만 명상엔 그 끝이 없다 마치 장마철에 소리 없이 떨어지는 빗방울과도 같고 파도를 그리워하는 언덕과도 같으며 태양을 그리워하는 대지와도 같다

그 적막한 순간들! 인간은 언제나 황량하고 고적한 것 겨울을 향해 미지의 길을 걸어가는 자들은 들판 위를 날아다니는 물새처럼 가이없는 방랑자 - 그로 인해 깊은 가슴 풀어 넣어 침묵을 배울 수밖에 없고 목마름을 배울 수밖에 없으며 얼음 속 불기둥이 될지라도 생生을 태울 수밖에 없다

어쨌든 명상은 정의내릴 수 없는 독특한 맛이 난다

표현할 수 없는 미묘한 에너지가 있다 어떤 자유 모험 예술 사랑 죽음 정신적 풍토 - 행간 사이에 숨어 있는 고전적 메시지 - 절제된 침묵 속에서 윙윙거리는 감동들을 더듬어 볼 때 그 실체는 심층 속에서 희망과 절망이 충돌하며 팽팽하게 공존한다

그래서 그런지 사계절은 철학적 의미가 짙어 쓰나미 같은 상황 속에서도 기산심해氣山心海라는 메시지로 다가오며 글쓰기를 종용하고 있어 - 정신을 채찍질하며 마음의 파장波長을 스케치해 본다

뉴욕 - 그 명멸明滅의 나라

4

생生은 한판 춤사위로세
나를 웃게 하는 건 - 너야
뉴욕 - 그 명멸明滅의 나라
눅눅한 난초의 향기
순간의 열정은 창백한 것
절대적인 삶을 추구하는 여자
초경初經에 관한 주술적 회고
생전에 사생활을 공개하지 마
카사노바의 데이트 법칙
빌헬름 라이히 - 그는 누구인가

생生은 한판 춤사위로세

가벼운 영혼으로 노래 부르고 싶다
춤을 추는 삶이 아니라 광기에 찬 삶이 아니라 쓰레기 같은 꿈틀거림 전부 내려놓고 올레길 같은 영혼의 소유자가 되어 그 어떤 한적함과 접선接線하고 싶다
영혼을 맑게 씻어주는 정체 모를 햇살
나는 그 햇살 아래서 삶이라는 괴물과 타협하는 나무이고 싶다 대大 평화를 제공해주는 나무가 되어 나를 '엄마'라고 부르는 이들과 나를 '당신'라고 부르는 그 남자 사이에서 긴 노래를 부르고 싶다
지금 나는
무당이 작두 위에서 미친 듯이 혁혁대다 진땀을 닦는 순간처럼 나도 이 순간 그 안식을 최고조最高潮로 음미하며 발표했던 글까지 섞어섞어 종착역에 관계없이 미로迷路 속으로 날려 보내고 있다

때에 따라서 나의 무의식은 묶여진 것에 대한 갑갑함 때문이고 때때로 나의 글은 정통성에 따르지 못하는 적지 않은 무례함을 범하고 있기 때문이다 얄궂은 영혼은 복잡하기만 한 - 아니 천국과 지상에서 가장 쓸쓸하다고 생각되는 보헤미안 성향을 숭배하기 때문이다

그래서인지
나를 바라보는 인연들은 언제나 '그림자밟기놀이'에 분주하며 게임놀이에 지쳐 있는 것 그리고 그것은 지당하고 예술적인 것 그러나 그 자체가 나에게 궁극적으로 삶의 원동력이 되고 있음을 인식시켜 주었으니 감사할 따름이다
사랑한다
나와 함께하는 지상地上의 인연들과 멀리 떨어져 있는 천상天上의 인연들까지 ―

나를 웃게 하는 건- 너야

바다
나를 웃게 하는 건 – 너야

화진포 해수욕장 모래사장 위로 바람이 스쳐간다
멀리서 갈매기 한 마리가 납 같은 바다를 향해 파수꾼으로 서성인다 시공을 초월한 채 돌섬을 응시하며 영혼의 충돌을 거듭한다
정신의 충만함을 음미했는지 레몬향 같은 바닷물을 손가락으로 만지작거리며 영원을 꿈꾼다
절대적인 세계를 향해 발버둥치고 눅눅한 고뇌껍질을 톡톡 씹어가며 황금빛 바다를 날아다닌다
바람이 유혹한다
시간이 바동댄다

삶은 어떠한 그림으로 형상화되든지 그 자체가 의미가 없진 않다 갈매기는 존재감을 뼛속까지 절감하며 초월의 순간을 체험하려는지 돌섬의 경계선을 향해 날아갈 기세로 옷깃을 여민다

바람
나를 웃게 하는 건 - 너야

수평선 끝자락까지 파도가 몰아친다
그 와중에도 갈매기는 섬과 섬 사이를 유랑하기 위해 집시로 거듭난다
넓은 바다 한가운데 처연하게 자리 잡은 섬과 섬들 - 느낌과 느낌만을 조심스럽게 훔쳐보며 무릉도원을 상상하는 갈매기가 의식을 조용하게 조율하지만 무언가 분주하게 움직인다
갈매기가 고함지른다
샛바람이 퍼덕거린다
바람은 돌섬의 대국을 유랑하기 위해 대로大路를 건설한다 로맨틱한 쉼터를 찾으려고 방랑자가 되고 있다
태양이 내리쬐는 날이면 리듬의 선율을 타면서 작업을 멈추지 않았고 비가 내리는 날이면 빨간 우산과 파란 우산을 펼치며 산성비를 막아낸다 눈이 쏟아지는 날이면 염화나트륨을 준비하고 태풍이 몰아치는 날에도 그와의 협상을 마다하지 않는다

여객선

나를 웃게 하는 건 - 너야

캄캄한 밤 - 성난 바다를 질주하는 여객선 그러나 갈매기는 이상향의 돌섬에 도달하기 위해 갑판 사이에 숨죽이고 앉아 있다
여객선은 불안하나 투명하고 예술적이다
연옥의 세계를 향해 질주하는 여객선 - 갈매기는 운명임을 인정하고 섬과 섬 사이를 여행하며 극락세계를 탐색한다 예술적인 그 세계는 예술을 지향하는 영혼에겐 담아두지 않으면 안 될 피 묻은 피난처 - 진지하게 느껴야만 될 불멸의 마그마다

파도

나를 웃게 하는 건 - 너야

파도가 칼날을 밟으며 노래를 부른다
불완전함 속에서도 짙노란 꿈을 꾸고 있다 갈매기 날개에도 알지 못할 시간들이 토막토막 흘러간다 거센 춤사위에 휘말려 침몰 위기에 서서 웅웅거리고 있다
누군가가 닻줄을 내리려고 갑판 위로 뛰어오른다 물살을 휘가르며 평정을 찾는 여객선 - 성난 파도는 시간이 갈수록 그림자를 따라다니며 핏빛으로 용해된다
멀리 섬과 섬 사이에 알지 못할 물체가 보이기 시작한다 물체는 쉬

지 않고 닻줄을 내리라고 고함을 지르고 있다
중천에 떠 있는 여객선은 바다 한가운데 멈출 수가 없다 그러나 격렬한 파도 속에서도 돌섬을 향해 질주해야 할 의무가 없진 않다
기도하는 마음으로 갑판 위에 숨어 두 눈을 감을 수밖에 없는 갈매기 - 현기증이 밀어닥치는 풍경을 거센 파도를 잠재우기 위해 마음과 마음 두 손과 두 손을 모아 랩송Lapsong 아니 기도 송을 부를 수밖에 없다
대지大地가 되어 풍랑과 풍랑을 잠재울 수밖에 없다

등대
나를 웃게 하는 건 - 너야

빛과 어둠의 충돌이 만만치가 않았다
그러나 멀리서 생명의 빛이 보인다 의식을 세탁해 주는 소중한 세탁기 - 갈매기 한 마리가 돌섬을 향해 날아가는 길은 외롭고 험난하다
파도가 심해 뱃길은 끝이 보이지 않았다 태풍이 몰아쳐 객선을 안전하게 운항할 수가 없다 천지가 캄캄해 하늘과 땅을 구분할 수가 없다
빛이 보이기 시작한다
십자가의 보혈처럼 고독한 섬 그 불빛 - 난파 직전의 여객선을 위해 구세주가 되려는가

아니다
아직도 두 날개를 쉬게 하며 안식할 시간이 다가오진 않았다 섬에서 축제를 벌일 시간이 다가오진 않았다
영혼의 연회장 - 그 귀한 축제장에 당신은 초대받을 수 있을까

하지만
나를 웃게 하는 건 - 너야

뉴욕 - 그 명멸明滅의 나라

기대에 찬 마음으로 유랑하는 시간들이 출렁댄다 창밖은 비행기 날개로 가려져 시야가 장님 같지만 경계선 너머의 검붉은 햇살은 세상을 긍정의 힘으로 몰아 간다 다행이다 그러나 언제 어디서든 긍정 너머에는 부정의 햇살이 춤을 춰서 그림자의 색상이 짙어지듯 지상의 모든 것은 평탄한 것만이 아니다

나는 비행기 중앙에 앉아 책을 읽다가 문득 그 날개의 정체가 나의 시야를 가려버리는 그 잔인함을 통해 삶의 무게가 그와 다르지 않다는 것을 느끼는 순간이다 뭉글대는 창밖의 풍경들이 손짓을 함에도 장애물로 인해 그 손짓에 답하지 못하고 감옥에 갇혀 있는 죄수처럼 좁은 창만 바라보는 여자가 되고 있으니 조물주여 어찌 자유가 그립지 않겠는가

먼 곳을 향해 14시간의 창공을 날아가는 특혜의 순간에도 전진도

퇴보도 없는 죽음 같은 시점에 서서 각양각색의 삶의 표정들을 훔쳐보는 순간 '과연 나는 누구인가'하고 자괴감에 시달리고 있으니 나의 존재에 대해서 내가 서 있는 시점에 대해서 감당해 나가야 할 모든 것에 대해서 무쇠 같은 무게감을 연상해 볼 때 흡사 차창 속의 숨막힘과 다르지 않으니 사전에 블랙홀을 피해 앉은 그 승객들이 기발하기만 하다 그들은 시간을 음미하고 눈앞에 펼쳐지는 정경과 속삭이며 시야에 펼쳐지는 대자연과 교류하고 있으나 나는 막혀진 차창 쪽 좌석에 쭈그리고 앉아 죽음보다 독한 절망의 순간을 읽어내고 있으니 과연 내게 있어 삶이라는 괴물의 정체성은 무엇일까

이대로 삶의 목적지인 케네디 공항에 발을 디딜 것인가 눈을 뜨고 감고 공상하며 푸념 속에 윙윙대다 자유를 던져버릴 것인가 자유란 소중한 것 – 구속이 죽음이라면 자유 그 자체는 생명을 소생시켜 죽어가는 에너지를 탄력 있게 하는 것 – 창공의 바람이 북풍이 될지 마파람이 될지 모르는 막연함 속에 어쩌면 항공기가 추락할 수도 목적지 까지 도착할 수도 있는 삶의 진실 앞에 그래도 탈춤을 추며 마당놀이를 하란 말인가 – 중앙이 아니라도 세상이 훤히 보이는 좌석이라도 배치 받아 창밖을 내다보는 그네들의 얼굴에선 생을 부활시키는 에너지가 꿈틀대고 있으니 그 어느 삶이 진정 삶 같은 삶일까 – 그렇다 나는 오래도록 살고 싶다 오늘은 진정 추락하고 싶지 않다

땀내 독한 낙타 떼 지순한 낙타 떼를 거느린 순례자가 되어 사막 같은 광야라도 달려가고 싶다 진정 존재다운 형상으로 눈곱을 떼어가며 천둥과 번개 – 태양이 수군대는 창공이라도 날아다니고 싶다 핏기 없는 두 날개에 붕대를 감고서라도 독한 존재감을 찾아내고 싶다

그렇다면 차라리 유치장 철문보다 비행기의 창문을 뚫고 밑으로 '꽝'하고 뛰어내리면 그때 비로소 쓸쓸한 자유가 배시시 웃으며 미소를 지을까

그 눅눅한 난초의 향기

강릉을 밀어내며 한계령을 달린다

몇 시간 후면 서울의 불빛이 우리를 반기겠지 버스 안은 조용하다 못해 엄숙하기 그지없다 음악이 없기 때문일까 문우들의 깊은 침묵 때문일까

아니다 여인의 목을 축이던 애련한 우물가와 그녀의 생가生家를 장식하던 복사꽃 때문이다 수백 년이 흘러도 절개처럼 버티고 서 있는 생가의 기왓장 때문이다

초당 마을을 거닐며 여인의 긴 숨소리를 들었다 독수공방을 하며 별을 헤아리던 여인의 넋을 느꼈고 슬픔을 만지작거리던 여인의 지독한 외로움을 보았다

오월은 파릇파릇 그 여인의 혼을 부활시켜준다

나는 눅눅한 그 여인을 가끔씩 떠올린다 여인의 시구를 읽으며

밤새 마음 조아린 적이 있고 가슴에 긴 굴뚝을 묻고 까만 연기를 뿜어낸 적이 있다

나의 본명은 허미숙이며 조선 시대 여류 시인입니다
나의 시詩는 동생 허균에 의해 중국에 알려졌지만 당신 가슴속에도 오롯이 앉아 멈추지 않는 강물처럼 흐르고 싶습니다 나는 운명의 남자 김성립과 결혼했습니다 문벌이 비등하다는 이유로 선택된 상대지만 나의 탈속 성격 탓인지 우리 부부는 금실이 좋지 않았습니다 두 아들이 있었지만 모두 앞세워 가슴 밭에 묻었고 나도 27세에 요절했으나 봄기운에 생기 돋아 환생해 봅니다
내 삶은 봉황이 앉아야 할 오동나무에 솔개만 우글거렸으니 마음의 상처가 하늘을 찔렀답니다 나는 아녀자로서 주어진 운명에 순종했습니다 사람들은 나를 김시습과 비교되는 신동이라고 과찬했지만 누구보다도 불행한 삶을 살았습니다
사람의 심리가 가끔 아이러니하잖아요 명석한 며느리를 받아들이지 못하는 시어머니의 묘한 시집살이 – 아내의 지성이나 성性적인 면을 감당 못해 손쉬운 곳에서 자신을 확인해 보려는 남자들의 서글픈 심리 – 삶이 권태로워 낯선 곳을 찾아 헤매는 인간들의 초췌함 같은 것 말입니다
남편과 나의 관계도 그런 부분이 있지 않았나 오만한 생각을 해봅니다 정서적인 면 지성적인 면으로 말입니다 – 아버지 허엽은 나의 앞날이 두려워 글을 가르치지 않으려고 했답니다 부모님은 두루두

루 나에게 신경을 썼지만 사람의 운명은 지정된 철로에 불과한가 봐요 몰락해가는 친정과 독버섯처럼 돋아나는 어려움들을 헤아려 볼 때 시詩로 삶을 풀 도리밖에 없었습니다
지나칠 만큼 섬세한 정서 탓인지 사방에서 짓누르는 남존여비 사상이 늘 숨 가빴습니다 여성만이 겪어야 하는 고독과 아픔 그리움과 기다림을 미학으로 승화시키며 내 자신을 위로할 수밖에 없었습니다

자의식이 강했던 허난설헌 그녀는 인간 생활의 주조를 이루는 사랑과 이별 - 고독과 좌절을 환상적으로 노래한 시인이다
'난설蘭雪헌 이란 '호號를 보더라도 알 수 있다
창가에 놓여 있는 난초를 바라보다가 잎사귀에서 청초함과 슬픔을 느낀다 - 고매하면서도 시들어가는 난초의 이미지와 자신의 모습을 일치시키며 괴로워한다 좋은 환경에서 자랐지만 찬바람에 시달리며 죽어가는 자신을 의식한다
오죽하면 '난설蘭雪'이라 했을까
난초는 추운 날씨엔 견디기 힘든 화초다 난초의 파득임은 난설 헌의 고통스러운 정신세계를 의미한다 그녀의 아호를 보면 마음이 쓸쓸해진다 창가에 떨고 있는 난초를 바라보면 흐느낌 소리가 들린다 외로움의 의미가 선명히 떠올라 그녀의 고통을 짐작할 수 있다 찬바람에 시달리며 시들어가는 모습은 사랑을 잃고 어둠 속을 헤매는 영혼의 흐느낌이 아니고 무엇일까

盈盈窓下蘭　간들간들 자라난 창가의 난초
枝葉何芬芳　대공과 잎사귀가 곱다더니만
西風一披拂　가을바람 한바탕 거치고 나니
零落悲秋霜　잎 지는 찬 서리 서글프구나

秀色縱凋悴　빼어난 그 맵시 시들긴 해도
淸香終不死　맑은 향기 마침내 가실 수 있나
感物傷我心　너를 보고 내 마음 몹시 언짢아
涕淚沾衣袂　하염없는 눈물로 소매 적신다

난설 헌의 〈난초〉를 보면 습기 찬 심정을 느낄 수 있다
연산군을 유혹한 창기 출신 장녹수 – 죽어서도 임재의 사모곡을 들었던 노류장화 황진이 – 민비를 밀어내고 숙종을 사로잡은 장희빈 – 케야무라를 유혹하여 절벽으로 떨어진 논개 – 유치환과 사랑놀음을 했던 이영도 – 김광진을 기녀에게 빼앗기고 문패도 없이 홀로 살아간 노천명 – 남편에게 이혼당하지만 남자 사냥의 명수였던 어을우동 —
세상에는 많은 여인들이 있다
그러나 난설 헌은 어떤 삶을 닮았기에 창호지 문살처럼 흐느꼈던 것일까 삶에 회의를 느낀 난설 헌은 차츰 선계지향仙界志向적인 정신세계를 갈망하게 된다 현실의 고뇌를 벗으려고 신선을 꿈꾸며

영생을 추구하게 된다 임이 돌아오기를 기다리며 신선의 도道를 사모하고 우주에서 일어나는 것을 땅속에 묻으며 선인仙人이 되려고 한다
자연에 몰입해 고통을 망각하며 꺼욱꺼욱 울기도 하고 상상의 승화작용을 일으키며 순례자가 되기도 한다 이상향에 구름다리를 펼쳐 놓고 하얀 천으로 혼魂을 감으며 춤을 추기도 한다

나는 사람 중의 사람 허균을 동생으로 두었습니다
우리는 아벨과 카인 같은 피붙이가 아니고 서로의 슬픔을 위로하는 남매였습니다 나의 시詩는 동생을 통해 세상에 발표되었습니다
동생은 유학자의 자제인데도 불교와 그 외 종교까지도 숭배할 만큼 괴짜였습니다 이단자 보헤미안처럼 말입니다
동생은 권력으로부터 적대당하며 몇 번이나 관직에서 파면당합니다 양면성을 한몸에 지닌 방랑아 – 동생은 당대에 보기 드문 자유인이었으니까요
그는 탐구열이 대단했습니다
독특한 사상과 많은 독서로 누구보다 앞선 사유의 폭을 갖고 있었습니다 만 권의 책을 쌓아 두고 그 속에서 늘 흥겨워했습니다 저항적인 기질은 서얼 출신 이달에게서 받은 영향이 큽니다 우리 남매는 이달의 길을 따라 걸었던 그 선생의 제자였으니까요
나의 어머님은 후실이었습니다
피 내력 때문에 동생은 관직에 나갈 수 없었지만 소외된 지식인 그

룹을 구성하여 소양강 상류에서 시와 술로 세월을 보내기도 했습니다 의적을 자처하며 부자의 재물을 훔치다가 붙잡혀 대역죄의 주인공이 됩니다

그러나 의식의 혁명가였던 동생은 국문학 발전에 공적을 남기기도 했습니다

최초의 한글 소설 《홍길동전》을 썼으니까요 홍길동이란 가상 인물을 세워 놓고 저항을 체계화시키는 《호민론》을 저술하여 민중의 역할을 강조했으니까요 동생은 홍길동을 호민으로 등장시켜 왕조 전복의 거사를 기도했던 것입니다

귀족의 혈통이지만 불우한 처지의 서자 출신들과 어울리며 거사 준비에 나섰습니다 비밀이 누설되어 모반죄로 50세 때 형장의 이슬로 사라지긴 했지만 동생의 살아 있던 의식은 후손들의 정신세계에 청량제 역할을 하지 않습니까

나는 짝 잃은 백조에 불과했지만 동생의 객기 섞인 여성관이 궁금하진 않으세요 혈통은 내력이라 동생도 여색을 즐겼습니다 황해도 도사 시절에는 서울 기생을 불러 별실에 거처케 했다가 사헌부에 적발되어 파직당했습니다 글 잘하고 노래 잘하는 무옥巫玉과도 술잔을 교류했고 시인이며 기생인 계생과도 사랑을 나눴습니다

조선왕조의 사서들은 동생을 경박자 - 선동꾼으로 몰아세웠지만 동생만큼 사상과 행동과 학문의 스케일이 큰 인물은 조선 왕조 500년 동안 흔치 않다고 생각합니다

여인의 치마폭에 휘감겨 어머니 장례식에도 참석지 못한 패륜아긴

했지만 ―

여인의 치맛자락이 구름을 타고 사라진다
휴화산을 파헤치며 젖은 영혼을 말려달라고 오열을 하고 있다
금색 비녀로 장식하지 못한 머리카락이 찬바람에 시리다며 밤이 슬로 변하고 있다

의미 있는 여행이 아닐 수 없다
인생은 선인의 가르침대로만 살아간다면 생명력이 없어 희극적인 사람으로 몰리기 쉽다 현실이나 세상과는 동떨어진 삶이기에 웃음거리가 된다 옳게 사는 방법보다 인간답게 사는 방법이 가치가 있지 않을까
인생은 외적 내적으로 갈등을 겪으며 살아갈 때 삶이 풍요롭다
삶 속에서 솟아나는 갈등은 인간답게 살아보려고 몸부림치는 흔적이기에 오묘하지 않을 수 없다
서울의 밤이 우리를 재촉한다
나도 순리를 비틀며 살고 싶을 때가 있으니 허황된 꿈을 꾸는 여인에 불과할까 하지만 철저하게 끈에 묶인 존재 ―
밤거리 가로등 밑에서 귀에 익은 클랙슨 소리가 들린다

순간의 열정은 창백한 것

"최초의 서양화가 나혜석이 이혼 고백서를 발표했다구"
"그럼 나혜석처럼 의식이 세련된 여자라면 발표하고도 남지"

나혜석의 세련미가 무의식을 세척해 준다 통쾌하면서도 우울하게 카타르시스를 느끼게 된다 뙤약볕에 시달림당하는 야생화에게 소낙비가 된 느낌이다
세월이 변하긴 한 것 같다
7 - 8년 전만 해도 나혜석을 옹호하다 보면 부도덕한 사람으로 각인되어 입장이 난처했다 요즘은 머리 색상과 루주 색상이 다양해지면서 나혜석의 정신세계를 이해하려는 사람들이 늘고 있다 나도 그녀를 이해하고 싶었지만 마음 놓고 찬미할 수 없었던 위선자에 불과했다 나혜석에게 호감을 갖는 것만으로도 지체 없이 야릇한

물건으로 낙찰됐기 때문이다

웃기는 내숭이었지 내 안의 빈 웃음을 만질 때마다 중심부에 감춰진 냄새나는 내장을 상상해 보곤 했어 - 냄새 지독한 구정물을 숨기며 사람 노릇하려고 땀을 흘리곤 했지

가슴 밑바탕에 깔려 있는 위선을 해부해 본다

샤워기 틈새로 삶에 대해 생각하며 창밖을 바라본다 때로는 인생의 정체성에 대해 고민해 보는 여성 - 일상적인 삶을 살면서라도 산책을 나서는 여성 - 비 오는 날이면 커피숍 구석에 앉아 쓴웃음을 지을 수 있는 여유의 삶을 찾고 싶다

남편과 자녀에게 미안한 마음이 들겠지만 무의식 속에 자리 잡고 있는 정체불명의 유전자로 인해 꿈을 먹고 사는 여성 - 환상을 먹고 사는 여성이 되고 싶다

그때 나는 100년 전의 화가 나혜석의 푸념을 들어본다

나는
인형이었다네
아버지 딸로서 하나의 인형
남편의 아내로서 하나의 인형

나는
노라의 형상 때문에 환멸이 온다네

하지만

이젠

사람처럼 살고 싶다네

여자이기 이전에 인간이 되고 싶다네

생각과 행동을 병행하던 나혜석은 시대를 앞서 간 역사의 선구자 여성의 선각자 – 괭이로 땅을 일구며 기름진 의식을 생산하던 불멸의 예술인이다

100년 전에는 현모양처만이 살아남을 수 있는 세상이 아니던가

정도正道의 일탈자는 광인이 되거나 수도승이 되었다 수덕사에 짐을 푼 김일엽 스님과 그 언저리를 맴돌았던 화가 나혜석처럼 말이다 현모양처가 존재한다면 현부양부도 존재해야 하지 않을까

"나혜석이란 여자 최승구가 폐결핵으로 요절하더니 정신 중심부에 변화가 생겼대 – 그때 그녀의 나이가 20대 초반이었나 봐"

"글쎄 내 얘기 좀 들어 봐 그건 아무것도 아니야 그녀는 훗날 김우영과 결혼하고 신혼여행을 최승구 무덤으로 갔잖아 과거를 정리하는 입장에서 옛 애인 최승구 무덤에 비석을 세워 달라고 남편인 김우영에게 졸랐다지 뭐야"

"물론 김우영도 허락했지"

"쇼킹한 소리 쇼킹한 소리"

"김우영의 멋진 포용력 세련미가 철철 넘치지 않니"

"글쎄"
"100년 전 그 정도 미의식의 남녀라면 밤잠을 설치면서라도 눈여겨 볼만 하잖아 하기야 김우영도 미혼이 아니고 상처한 남자였잖아 그런 의미에서 본다면 김우영에게 나혜석이라는 여자는 과분하지 뭐"

어쨌든 나도 야릇한 매혹에 이끌려 문학을 하거든
문제는 나혜석 화가를 흠모한다는 것이 아니니 - 내가 만약 영화배우나 연극배우가 된다면 나혜석 역할을 광적으로 해보고 싶어 전생에서 풀지 못한 미묘한 끼를 작품을 통해서라도 처절하도록 풀어 보고 싶어 - 나혜석처럼 꿈을 실현시키기 위해 자신의 길을 정해 놓고 미친 듯이 전진해 보면서 말이야
운명적인 사랑을 하다가 상대가 떠난다 해도 비애 자체를 드라마틱하게 승화시켜 가슴 중앙에 무덤을 만들기도 하고 후유증 때문에 거리를 헤매기도 하면서 말이야
정신을 추스른 후 원만한 배우자를 만나 석류 같은 자녀들도 낳아보고 말이야 권태가 몰려오면 남편과 함께 여행을 떠나기도 하고 남편과의 생활이 삶의 과정에서 감당 못할 형벌이라면 옛 애인과 흡사한 남성을 찾아 로맨틱한 사랑도 꿈꾸면서 말이야
후유증이 불륜으로 치부되어 악녀로 몰아갈지라도 사랑이라는 처절한 어휘에 상큼하게 속아 나날이 분노하다가 죽어가고 싶어 상대의 배신감에 진저리를 치다가 증오의 싹들을 틔우고 싶어 이

혼녀가 되어 거리를 헤매다가 인형을 등에 업고 킥킥대면서 말이
야
때론 자녀들의 학교로 찾아가 그들의 뒷모습을 훔쳐보며 흐느껴
울기도 하고 부정한 엄마가 왔다며 도망치는 자녀들을 바라보다가
자신의 정체성을 확인한 후 학교 정문을 처절하게 빠져나오고 싶
어 사랑했던 사람을 법정에 고소해 위자료도 청구해 보고 싶고 인
생에 있어서 삶을 느끼게 했던 파라다이스를 미치도록 그리워 하다
가 죽어가고 싶어
고통을 잊기 위해 작품에 몰두하는 여자 - 세인들의 지탄을 받으
며 익명으로 죽어가는 여자 - 나는 열정을 다해 그런 배역 - 나혜
석의 배역을 해보고 싶어 - 천 년 후 자신의 존재가 드러난다면 인
간의 속성들을 채찍질해주며 죽어도 죽지 않는 다소곳한 원귀怨鬼
- 그 소름끼치는 역할을 해보고 싶어

나혜석을 기억하는 마음은 비 오는 날의 푸념으로 흘러간다
광적인 충동은 삶 자체를 드라마와 문학 속에서 대리 배설시키려
는 현대인의 아우성으로 환원 - 절대고독의 광장을 뛰어넘고 있다
침묵으로 웅성대는 현모양처 군상들이 세상 구석구석에서 신음하
고 있다
나혜석을 상상하다 보면 마음이 울적해질 때가 많다
부도덕한 여인임으로 용서받을 수는 없지만 같은 여성으로서 공감
되는 부분이 있고 심층의 세련미가 아름답기 때문이다

그녀의 주변에 맴돌았던 찬란한 그림자들을 훑어본다
사랑하는 사람을 끝까지 지켜주지 못하고 세상을 탈출해 버린 첫사랑의 남자 최승구 - 사랑을 빌미로 나혜석을 유린한 동학의 우두머리 최린 - 아내의 미묘한 세계를 흡수해 주지 못하고 이혼을 요구한 김우영 - 형형색색의 남성들이 그녀를 처절하게 칼질하고 말았다
나혜석이 옳다는 것만은 아니다
여성이라면 나혜석의 정서를 갖고 살아갈 때도 있지 않을까 하는 공감대 때문이다
나혜석은 어리석은 삶을 살았으나 지혜로웠고 개성도 독특했다
진명여고를 수석으로 졸업 - 동경여자미술학교를 거쳐 독립운동에도 물심양면으로 지원했다
나혜석의 현실적인 비극은 31세 때인 것 같다
남편 김우영과 세계 일주를 하던 중 파리에서 체류할 때 그녀에겐 몽마르트를 오르내리던 시절이 삶의 전성기였던 것 같다 그림에도 진취적으로 전환을 시도했으며 고리타분한 현모양처에서 잠시 탈출 최린과 낭만적인 사랑을 하면서 여성으로서의 정체성을 확인했다 그들의 아름다운 만남이 최린에겐 화려한 외도에 불과했다는 것이 문제가 될 뿐이다
나혜석 전시회에서마저 나혜석의 사랑을 질타하던 남자들을 보았을 때 가슴이 답답해 어쩔 줄을 몰랐다 사람들은 그녀의 천재성이나 작품성에 대해서는 호평을 하면서도 최린과 나혜석의 사랑에

대해서는 불륜으로 매도했다

나혜석이 어두운 운명으로 삶을 마감하게 된 동기는 최린과의 사랑 - 사기당한 사랑 때문이다

한 여인이 비운으로 세상을 떠났는데 우리는 이 문제에 대해 생각하고 넘어갈 부분들이 있을 것 같다 정도正道를 일탈한 나혜석도 용서받을 수 없지만 남편 김우영과 나혜석은 사랑 때문에 맺어진 관계는 아니었다 최승구를 잃고 좌절감에 빠져 있을 때 자신에게 다가온 남자가 고마웠을 따름이다

나혜석과 최린과의 관계는 다르다

사랑이라는 이름을 내걸고 서로에게 다가갔다

헤어질 수밖에 없는 운명일지라도 진실의 흔적은 보여줘야 하지 않았을까 나는 최린의 모든 것을 훑어보고 실망을 많이 했다

자신이 신상문제를 커버하기 위해 전국에 배부된 수만 부의 《동아일보》- 나혜석의 이혼 고백서 발표를 몇 시간 만에 회수했다는 대목을 읽고 최린의 위선과 거대한 위력에 분노할 수밖에 없었다 위력의 갑옷을 두른 매정한 사나이 때문에 시대의 보석 나혜석이 죽어갔기 때문이다 가치 없는 상대 때문에 소중한 남편 - 소중한 아들 - 소중한 인생을 소멸했기 때문이다

친구와 차 한 잔 마시며 대화의 장이라도 열고 싶은 오늘 - 마음속에 눅눅하게 남아 있는 그림자 - 나혜석을 해부해 본 하루였다

절대적인 삶을 추구하는 여자

당신께서 가신 지 어느덧 40여 년이 흘렀답니다
척박한 땅에서 최초로 독일로 유학한 여인 - 서울 법대를 입학했지만 팍팍한 구속이 싫어 뮌헨 슈바빙으로 떠났던 여인을 쉬지 않고 기억합니다
바람이 불거나 낙엽이 거리를 헤맬 때면 전혜린 당신을 미치도록 그리워합니다 전신에는 인식애認識愛의 광채가 파르르 흐르고 비밀이 그득한 두 눈에도 예술혼이 가득 차 있어 시공을 초월하여 가난한 나의 영혼에 원동력이 되고 있습니다

전혜린!
지상의 삶이 그렇게 힘들었습니까?
서른한 살 나이로 생生을 접을 만큼 세상이 권태로웠습니까 마음

속에 간직하고 있던 쟝 아베제도를 어떻게 털어내고 혼자 먼 길을 떠날 수 있었습니까
당신의 의식이 범상치 않았기 때문입니까
당신은 문학을 하면서 인식의 순교자였던 루 살로메를 연구하기도 하고 루 살로메를 사랑했던 니체에게도 많은 관심을 가지곤 하셨지요 나도 당신을 숭배하다 보니 루 살로메와 니체에게도 나도 모르는 사이에 반했지 뭡니까 나의 뜨거운 혈맥 속에 복숭아 같은 두 개의 심장 속에 - 당신들 셋이서 안주인이 되어 밤낮을 가리지 않고 내 삶을 노래하고 있습니다

전혜린!
당신은 여성으로선 처음으로 서울대학에서 강의를 하기도 했지요 그곳에서 운명의 사람을 만나셨는데 인생이 그런 것 아니겠습니까 당신은 성균관대학에서 번쩍이는 기량을 마음껏 펼치긴 했지만 당신의 삶은 너무도 짧았답니다 지인들과 자주 만나 갖가지 긴장을 강요당하며 의식의 파수꾼 노릇을 했던 당신 - 지금도 혜화동에는 당신이 드나들던 학림다방이 당신의 냄새를 진득하게 내 뿜고 있답니다 그 허름한 소파에 앉아 향기 독한 커피를 마시다 보면 창밖의 햇살이 당신인 듯 다가와 나의 겨드랑이를 슬며시 만지곤 하지요

전혜린!

당신은 철저한 이상주의자였습니다

당신의 작품을 읽다 보면 포장마차를 타고 생生을 전전하며 보헤미안 생활을 그리워하기도 하지요 작품에는 혈관 속의 욕구가 지시하는 대로 어디론가 훌쩍 떠나 그것에 함몰되려는 기대와 소망이 처절하게 담겨 있었답니다

죽은 삶처럼 명령에만 순종하며 살아가는 삶이 아니라 무언가 톡톡 튀는 삶 - 남다른 의식으로 살아보려는 바둥거림과 때로는 아웃사이더적인 삶을 갈망하곤 하셨지요

당신을 생각할 때마다 나에겐 치열하게 떠오르는 글귀가 있답니다 생의 클라이맥스처럼 전신을 온전히 마비시키는 글 중의 글이랍니다

나는 절대를 추구한다

생은 나에게 평범과 피상의 것 외에 아무것도 제공하지 않는다

나는 중세의 대리석을 좋아한다 그릴파르찌의 절대세계를 동경한다

무섭게 깊은 사랑

심장이 터질 듯한 환희 - 죽고 싶은 환멸…

일상생활의 평면성이 - 내용 없는 인간들이 나를 질식시키고 있다

절망 속으로 나를 몰아넣고 있다

끔찍한 글을 읽으면서 목이 마르도록 당신을 느꼈습니다

당신은 죽어도 죽지 않아 신화로 존재 - 그 영혼은 혜화동 학림다

방 – 명동에 있던 은성다방 아니면 오스트리아 빈의 이름 모를 거리 – 뮌헨 슈바빙의 노상 카페에 쭈그리고 앉아 블랙커피를 마시거나 흑맥주 한 잔으로 권태로운 일상을 축이고 있을지도 모릅니다 당신이 부러웠습니다

사랑하는 동생 채린에게 당신의 감정을 풀어 넣어 편지를 쓸 수 있었다니 행운이 아닙니까 나도 생전에 그러한 동생이 있었으면 합니다 모든 고민과 열정을 풀어 넣어 가난한 세계관을 교류할 수 있는 동생이 있었으면 합니다

글을 쓰지만 숨이 막힙니다 자녀와 남편이 있지만 갈증이 심합니다 동생과 스승이 있어도 숨통이 막힙니다 백지와 볼펜이 주변 가득 있어도 호흡이 곤란합니다

진실의 통로가 막혔기 때문일까요 눈앞에 보이는 알맹이 없는 인생이 권태롭기 때문일까요

전혜린!
1965년 밤 11시 경 – 적막한 침대 위에서 극약이라고 할 수 있는 수면제 – 죽음을 향해 문을 열어가며 하얀 알약을 삼킨 후 느낌을 체크! 체크!
다시 10분 후 느낌 20분 후 느낌 30분 후의 느낌을 체크! 체크! – 몽환 속에 묻혀가는 순간을 체크해 가며 의식의 이별을 고했던 선생님의 최후를 상상해 봅니다 화려한 몽환과 함께 연옥의 세계를 떠올려 봅니다

삶과 죽음의 경계선에서 몽환의 노예가 된 당신 - 환희의 구렁텅이 공포의 구렁텅이로 침몰했던 당신을 응시해 봅니다 불안한 정신으로 불안한 생生을 살았던 초라한 넋을 헤아려 봅니다 세상은 살만한 가치가 있는데도 때론 따분하고 때론 지루하고 때론 권태롭고 때론 구질구질할 때가 허다하기 때문입니다

그러나 전혜린!
삶은 그런대로 가치가 있지 않습니까 일회적인 인생이기에 조심스럽게 조립하다 보면 아름다운 꽃들과 검붉은 나비들이 희희낙락 어울리지 않겠습니까
범나비가 날아와 퇴색되지 않을 사랑이라며 두 손을 꼭 잡아주지 않겠습니까
당신은 비록 "한 사람을 내 안에서 몰아내는 데 8년이란 세월이 걸렸어 그 사람은 나에겐 신이었고 니체였고 랭보였고 발레리였어"라고 울부짖었지만 꿈속에서라도 당신의 입안으로 쏟아지는 수면제를 빼앗을 사람이 나타나지 않겠습니까

나 역시 당신의 친구가 되고 싶어 오늘도 살아가야 할 이유를 느끼고 있는데 ―

초경初經에 관한 주술적 회고

초승달은 동백꽃처럼 농염하게 고개를 쳐들었다 13세 된 소녀에게 여자로서의 의미를 깨닫게 하였다 그러나 요즘은 그믐달의 기로에 서서 순간열에 시달리기도 하고 가슴이 쿵쿵 뛰는 증상과 함께 우울증에 전신을 내맡기기도 한다

최초의 생리는 두려움과 경외의 대상이다
나도 그때 그 시절 여자가 되었다는 안도감에 가슴이 꽤나 벅차 있었다 초경이 지닌 카리스마로 인해 묘한 마력을 느낄 수 있었다
나의 초경은 어머니께서 막냇동생을 분만하는 날 아침에 시작되었다 그래서인지 최초의 생리는 슬그머니 양면의 얼굴로 다가와 불안감과 흐뭇함 속에서 혼자 속앓이를 하게 했다

그 당시에는 여성의 생리 자체가 성스러운 것 같으면서도 격리의 대상이 되어야 하는 이중성이 있었기에 나는 그 상황을 누구에게도 말할 수가 없었다
초경 자체가 거대한 보물 같아 혼자 성스럽게 간직하고 싶기도 했지만 초자연적 세력의 지배를 받는다는 그것의 정체가 우리 고장에서는 기쁜 일이 있을 때면 상대적으로 재해로 변할 수도 있다는 미신이 있어 더욱 숨겼는지도 모른다
전설 같은 그 얘기는 먼 옛날 원시문화와 고대문화에서도 거론되긴 했다 1세기 때 로마의 플리나우스는 월경의 붉은 피 때문에 생길 수 있는 재해들을 다음과 같이 묘사하였다

그것과 접촉함으로써 새 술이 시어지고
농작물은 열매를 맺지 못하며 정원의 종자도 마르고 나무의 과실들은 떨어진다 강철의 날과 상아의 빛도 무디어지며 지독한 냄새가 공기를 채운다
그것을 맛본 개들은 미치게 되며 사람이 그 개에 물리게 되면 불치의 병에 감염된다

플리나우스의 주장에 의하면 월경의 실체는 무서운 성역聖域이 아닐 수 없다
무시무시한 성역의 붉은 피 – 이것이 여자의 생리현상이다 이러한 성역의 범주였기에 첫 월경의 시작은 어린 나에게도 가슴이 뛰지

않을 수 없었다

그러나 원초적으로 여자가 되었다는 야릇한 느낌 - 남자와 교접했을 때 아기가 잉태될 수 있다는 모성애 감정 - 남자의 정액 냄새를 끌어들일 수 있는 묘한 상상들이 나를 훌쩍 어른의 감정으로 변화시켜 갔다

나는 맏딸이다

초등학교 6학년 때 동생을 낳았다

초경을 하는 몸으로 산모인 어머니에게 메밀수제비를 끓여드리고 피 묻은 뒤처리를 하기 위해 빨랫감을 짊어지고 바닷가로 나갔다 그 작은 손으로 빨래를 했지만 선지 덩어리 같은 산모의 빨랫감은 소름이 끼칠 정도로 으스스하였다

조그만 고기들이 핏덩이를 쪼아 먹으려고 와르르하게 몰려들었다 순간 나는 고기들의 생명력과 그 앙큼스러움 속에서도 묘하게 오묘한 감정을 느낄 수 있었다

그날따라 밭에도 유채가 무르익어 탁탁 벌어지고 있었다

여러 가지 상황으로 그날은 학교에 갈 수 없었지만 초경의 행복함으로 인해 전혀 아랑곳하지 않았다

오후에는 동네 아주머니를 찾아가 집안의 사정을 얘기했다 어머니의 분만 사실을 듣고 난 아주머니는 두 말도 하지 않고 나를 데리고 유채 밭으로 나갔다 둘이서 땀을 흘리며 별과 달이 보일 때까지 밭일을 하고 돌아와 보니 산모인 어머니는 부엌에서 간신히 저녁 준비를 하고 계셨다

그 순간까지도 나는 두렵고 조심스러워 초경의 사실을 누구에게도 알리지 않고 개울가로 나갔다 뽀얀 나체를 서서히 물에 담그며 혼자서 목욕을 할 뿐이었다 별빛과 달빛도 침묵으로 움터 오르는 몸뚱이를 애무하며 성장 과정을 축하해 주었다

내 생애의 클라이맥스 - 일생을 통해서 그 순간처럼 행복했던 기억은 없던 것 같다

그 후부터 어머니가 아기를 데리고 마실을 가버리면 장롱 속을 뒤엎어 어머니 한복을 찾아내 입어보기도 하고 목련 봉우리처럼 터지기 시작한 젖가슴이 어쩐지 빈약해 보여 곰팡이 핀 찐빵이라도 마루 구석에 뒹굴고 있으면 가슴 위에 한 개씩 턱턱 얹어 넣고 고무줄로 동여매곤 했다

찐빵을 얹어 놓은 가슴은 영락없는 숙녀였다

나는 그 당시 초등학교 6학년 - 열세 살이었다 그러던 어느 날 어머니의 화장품을 뒤지기 시작했다 뽀얗게 화장을 하고 거울을 물끄러미 바라보았다 새까맣게 탄 얼굴에 덕지덕지 펴 바른 파운데이션이 나를 농염한 여인으로 분장시켜 주었다

시간이 지나도 그 화장이 아까워 씻어버릴 수가 없었다 마을 사람에게 들키지 않도록 고개를 푹 숙이고 200미터 거리에 있는 할머니 댁으로 재빠르게 뛰어갔다 뛰어왔다 하며 과감한 연출을 시도했다 위대한 초경으로 인해 줄줄이 사탕처럼 행해진 호기심과 과감한 연출에 별빛과 달빛도 "저런 쯔쯔" 하며 염려했을지도 모를 일이

었다

청초했던 시간은 빛살같이 지나간다
인기척도 없이 다가온 폐경 - 그믐달의 잔인함 속에서도 첫 월경의 순간을 헤아리다 보면 여전히 동백꽃 같은 피 냄새가 농염하게 코를 찌르고 있다

생전에 사생활을 공개하지 마

"신비스런 표정으로 스스로를 가꾸어라 자존심을 소중하게 여기며 좀 더 남자들에게 냉혹하라 홀 안으로 들어갈 때는 한가운데로 걸어 들어가 턱을 똑바로 세우고 미묘한 미소를 지어라"

위 메시지는 재클린의 아버지 부비에가 어떻게 하면 딸아이가 매력적으로 성장하여 세상 남자들에게 관심을 끌 수 있을까 고민한 끝에 재클린에게 교육한 내용이다
재클린의 대담한 성격은 아버지 부비에를 닮았던 것일까
그녀의 어머니 쟈넷은 남편의 성격과는 달리 – 딸 재클린에게 아주 엄격해 그녀를 똑똑하고 강직한 여성으로 세상을 살아가게 했지만 재클린의 역동적인 스캔들이나 삶의 부분들은 아버지 부비에의 염색체를 더 많이 닮았다

성격이 극과 극인 재클린의 부모님은 그녀가 열두 살 되던 해 이혼하게 된다
재클린은 그 상황이 힘들었지만 자기를 아껴 주던 아버지 부비에를 주말마다 만날 수 있어 어려움을 극복하며 명문대학을 졸업할 수 있었고 졸업 후에는 여기자로 활동하며 사교계의 여왕으로 거듭난다 그 당시 상원의원인 존 F 케네디를 그 사교장에서 만나 결혼으로 골인해 대역사의 주인공으로 탄생된다
그럼 재클린은 아버지의 가르침으로 인해 31세에 백악관 안주인이 된 셈인가

그러나 그녀의 마음 구석에서는 마릴린 먼로를 비롯한 - 남편의 지나친 외도로 우울한 생활을 떨쳐 버릴 수가 없었다 그러한 가운데서도 재클린은 미국의 퍼스트레이디로서 품위를 잃지 않으려고 노력을 했으나 내부적으로는 위대한 성역이 무너지고 있었다
그 고상함과 우아함 - 그녀만이 지닌 그윽한 이미지와 특유의 스타일은 이제 고인이 되었지만 그 설렘과 아련함은 신화 속 여인처럼 나의 영혼 속으로 눅눅하게 파고든다 - 내 무의식의 파도 속에서 흑장미로 환생하며 총총하게 걸어온다
재크린은 미국뿐만 아니라 전 세계인들에게 각인된 절대적인 우상이다 미국의 어느 주간지 《글로브》라는 잡지를 통해 사후에 밝혀진 그녀의 사생활은 어떻게 보면 인간의 본심과 멀지 않아 안타까운 마음이 먼저였다

분노는 때때로 거대한 성城을 함락시킨다
존 F 케네디가 남부 댈러스에서 암살당하기 한 달 전인 1963년 10월 - 재클린은 선박 왕 오나시스와 지중해에서 사랑을 나눴던 파격적인 여자였다 뿐만 아니라 그녀는 당시 남편 케네디와 마릴린 먼로가 정사를 나눴던 바로 그 침대에서 배우인 윌리엄 홀든과 색채 모를 정사를 나눴으며 - 시동생인 로버트 케네디와도 1968년 그가 암살당하기 직전까지 연인 사이로 지냈다는 사실이 그리 혼돈스럽지만은 않다

두 눈을 감고 창공을 날아본다
그럼 재클린의 연인은 누구였을까 존 F 케네디와 시동생 로버트 케네디는 누구에게 암살당했을까 - 선박 왕 오나시스와 두 형제와의 관계 - 마릴린 몬느와 두 형제와의 관계는 그리고 그들과 재클린의 관계에선 어떤 악류가 흘렀으며 누가 그 전류에 감전되어 죽어 갔을까

인간의 삶은 거대한 수수께끼와 다를 바 없다
남과 여의 관계는 매듭이 복잡하고 그 선이 야릇하다 그러나 나는 재클린 그 자체를 좋아한다 캄캄한 바다를 밝혀주는 퍼스트레이디 모습에서 때로는 호수 같고 때로는 늪같이 질퍽한 모습에서 - 사랑보다는 오나시스의 전시용품이 되어버린 그 침묵의 모습에서 ―

나는 그녀의 그 모습 그 자체를 사랑한다 화려함 뒤에 감춰진 알지 못할 쓸쓸함에서 - 부富와 권력을 관통해 출판업계의 대부大夫로 삶을 장식하다 1994년 어느 날 두 눈을 감으면서 세상에 내던진 그 치욕스런 외마디 소리에서 —

"얘들아 생전에 사생활을 공개하지 마라-"

카사노바의 데이트 법칙

카사노바는 러브 마케팅을 알았던 사람이다
현대에도 카사노바가 나타나 여자를 유혹한다면 석녀 같은 여자도 비눗방울이 된다 여자의 배짱과 세련미도 카사노바보다 도전적 열정적이기 때문이다
카사노바 같은 명수에게 넘어가지 않을 여자가 있을까 지성을 가진 호색적인 남자로서 혁명기에 전 유럽을 누비며 자유와 평등을 전파한 메신저 - 작가로서 예술과 풍류에 능통한 남자 - 연애 자체를 예술로 승화시켜 여성을 예술의 근원으로 삼은 남자 - 탁월한 두뇌로 여성의 심리상태를 따뜻하게 파악한 남자 - 다중 플레이 속에서도 상대에게 들키지 않은 고도의 사기성을 지닌 남자 -
'카사노바 법칙'이 있는 것처럼 현대 여성이 남성에게 갈망하는 '데이트 법칙'을 구상해 본다

* 데이트할 때는 부드러운 감촉으로 얘기하고 메모하는 습성을 지녀라
* 될 수 있는 한 다른 여자 얘기를 삼가하고 포옹할 때는 다른 여자를 상상하라
* 상대에게 잔소리는 하되 습관에서는 가급적 탈피하라
* 상대가 지향하는 사랑의 테크닉을 탐색하라
* 다른 남자를 만나면 용서하지 말고 헤어질 마음이 생기면 행복을 빌어줘라
* 산책할 때는 발걸음까지도 경건하고 긴장하라
* 비바람이 몰아쳐도 상대가 연락 오면 뛰쳐나가 문제점을 해결하라
* 상대에게 자신의 마스코트 같은 선물을 해줘라
* 자신의 자아가 확장되듯 상대의 자아도 지적으로 확장시켜라
* 둘만의 철학 속에서 데이트를 하고 문화와 예술을 지향하라

처녀 때는 삶의 묘미를 모르고 결혼하지만 35세 이후의 여성들은 묘미를 해부하고 음미할 줄 안다
이 시대의 부부는 죽어 있는 삶을 살고 있을지도 모른다 불황이 장기간 지속되자 섹스리스Sexless 부부가 많다 – 섹스를 하더라도 전희 없는 섹스 – 와인 맛보다 폭탄주 같은 섹스 – 사랑이 가미된 섹스보다 의무방어전인 섹스가 습관적이기 때문이다
여자들은 자동인형이 아니라 살아 있는 인격체로서 사람 대접을 받고 싶어 한다 여성으로 대우를 받을 수 있다는 묘한 상상력이 여

성에게 '혼외정사'를 꿈꾸게 한다
'남편만으로는 만족할 수 없다'는 이 시대 어느 박사의 책을 읽다 보면 옛날에도 여자의 외도가 많았고 지능적이라고 소개하고 있다
이러한 시대에 요즘 남정네들의 왈 왈 왈—

* 너 요즘에도 마누라 때리니?
* 삶이 고단하고 바쁜데 섹스는 무슨 섹스 – 섹스보다 돈이 좋고 잠이 좋은데-
* 주말에 섹스를 하느니 외식을 하겠어 그리고 비즈니스 때문에 미팅이 있어-
* 섹스보다 집 가꾸기가 신이 나고 산행이 더 좋지 않아?

이렇다면 문제가 없어 보이지만 내부적으로는 부부생활에 문제가 생긴다 내면에 숨어 있는 성 트러블은 불행의 씨앗을 잉태한다
결과는 현대 시대의 카사노바 같은 남자가 눈앞에 나타나면 '그래 운명이라 생각하자 들키지 않을 자신 있어' 하며 가정 파탄의 길로 치닫게 된다

빌헬름 라이히 그는 누구인가

한 노동자에겐 중병의 아내가 있었다 그의 아내는 몇 년 동안 병상에 누워 있었는데 그들에겐 세 명의 어린아이들과 18세의 큰딸이 있었다 그들의 생활은 그런대로 평온했다 그러나 사람들이 쑥덕거리기 시작했다 그러던 어느 날 그들에게 풍기 단속반이 들이닥쳤다 아버지는 근친상간 죄로 체포 구속되어 여러 해 동안 투옥생활을 하게 되었다 이때 세 명의 아이들은 복지시설로 보내져야 했고 큰딸도 치욕스러워 낯선 곳으로 떠나야만 했다

빌헬름 라이히의 유년 시절을 더듬지 않더라도 참담한 내용이 아닐 수 없다 위 글은 1929년 빌헬름 라이히가 4주에 한 번씩 프로이트의 집에서 모임이 열렸을 때 다양한 계층의 사람들이 몰려 와 고백한 내용 중 일부분이다
성은 새로운 주제가 아니지만 어느 시대에나 새로운 주제로 거듭

나며 화젯거리가 되었음을 알 수 있다

프로이트의 정신분석의 바탕이 되는 무의식론 - 그 무의식을 머릿속 깊이 꾹꾹 묻어버리는 우리들의 관념 덩어리 - 그 정신 변증법의 한계는 연약한 우리들에게 어떤 영향을 미치고 있을까

빌헬름 라이히는 프로이트의 수제자였지만 스승의 이론을 뒤집고 나선다 억압만을 주장하던 스승의 이론이 잔인하다며 성에 대해 새로운 프로그램을 제시한다 라이히는 프로이트의 무의식론의 핵심인 리비도를 부여잡고 그 자체를 오르가즘론으로 에너지론으로 신체가 건강해야 정신이 건강하다는 생체 발생학론으로 이끌어간다 생체 에너지에 따라 정신적인 것도 함께 움직인다며 생장요법을 근육요법으로 접목시킨다 신체의 유기적 관련뿐만 아니라 신체와 정신의 유기적 관련을 강조한 것이 프로이트의 이론과 다른 점이었다

성에 대한 견해는 학자마다 분분하다 그러나 행복에 대해서 말하는 사람들조차 음란증에 시달리면서도 허리 아래 얘기를 하지 않는다 하지만 라이히는 인간의 행복이라고 할 수 있는 섹스 문제에 있어서 점잖을 떨지 않았다 그것은 많은 사람들이 정신병을 유발시키는 - 정신적 문제에 시달림당하지 않기 위함이다 그가 정신 질환자들을 치료하면서 인간의 점잖음이 결국 인간 유기체를 굳어버리게 만들고 정신을 병들게 했음을 감지했기 때문이다 라이히는 이처럼 신체적 욕망을 긍정하는 방향으로 끌고 나아갔다 마르크스가 계급해방을 해결 과제로 삼았다면 라이히는 인간

의 욕망해방을 추구한 셈이었다 머릿속에서 생각하는 추론이나 가설에 머물지 않고 철저하게 실험을 통해 처해진 상황을 증명해 내려는 자세였다
어린이 성교육에 있어서도 자신의 아이들에게 성행위를 볼 수 있도록 유도했다는 악담을 들었음은 물론 – 분석진료를 하는 동안 환자들과 성관계를 가졌다는 소문까지 나돌 정도였다

하지만 라이히는 어려운 고비들을 극복해냈다
주변의 험담에도 불구하고 자신의 실험 작업과 자신의 개인 행복 나아가서는 대중의 행복을 추구하는 데 밑거름이 되었다 그래서인지 빌헬름 라이히를 다룬 영화 – 〈유기체의 신비〉의 이미지는 결코 암울하지 않다는 것이다 마지막 장면에서도 머리가 잘려나간 여 주인공 밀레나의 얼굴이 화사하게 미소를 지었기 때문이다

라이히는 음란함을 초월해 지나칠 만큼 진지함만을 추구했다 어떤 행복론보다도 조심스럽게 사랑을 향해 접근해 가도록 길을 열어 준 학자이다 과거에 집착하지 않고 현재 가로막고 있는 문제들을 찾아내어 해소하려고 애를 쓴 사람이다 오스트리아의 괴짜 심리학자 성학자로서 프리섹스 자체가 행복을 추구하는 지름길이라고 부르짖은 인물이다

"그때 내가 말하지 않았더라면-"

라이히는 유년 시절 어머니와 가정교사와의 외도를 아버지에게 폭로시켜 그녀를 자살로 몰고 갔지만 그 독한 상처는 그를 성 해방주의자로 둔갑시키는 데 한몫을 한 것 같다

[연보]

- 1953년   제주도 남제주군 성산읍 오조리 747번지에서 교편생활을 하던 아버지 오윤호와 해녀海女인 어머니 김태수 사이에서 2남 2녀 중 장녀로 태어남.

학력
- 1974년   제주여자고등학교 졸업
- 1974년   한국 성서대학교 기독교교육과 입학
- 1976년   송정익과 결혼, 재선 재은 재빈 재준 낳음
- 1994년   명지대 사회교육원 문예창작과 수료
- 1998년   명지대 사회교육대학원 문예창작과 졸업
- 2001년   중앙대학교 예술대학원 문화예술지도자 과정 수료
- 2004년   한국방송통신대학교 국어국문학과 졸업
- 1995년   한국수필학회 회장 윤재천 교수님에 사사(1995~2014년 현재)

경력
- 1995년   《창조문학》시부문으로 등단
           창조문학회 이사
- 1997년   《현대수필》〈제주의 여인들〉로 수필부문 등단
           한국수필학회 회원
- 1998년   한국문인협회 회원
- 2000년   《서울제주도민회 100년사》발간 편집위원 및 집필위원

	한국 낭만파클럽 창립 회원
• 2001년	현대수필 편집위원
	국제 펜클럽 한국본부 회원
• 2002년	현대수필문인회 부회장
• 2003년	제3대 서초수필문학회 회장(8년 만에 제3회부터 《서울랩소디》 부활)
• 2003년	《국방일보》 칼럼 연재
• 2004년	《현대수필》에 성性에세이 4년 연재
• 2004년	제6대 현대수필문인회 회장
• 2006년	서울제주도민회 신문 편집위원
• 2007년	제7대 현대수필문인회 회장
• 2008년	《현대수필》, 「선각자, 김일엽의 흰 그림자 응시하기」로 「평론」 등단
• 2008년	《현대수필》 편집장 임명
• 2013년	현. 국제 펜클럽한국본부 이사
• 2014년	현. 현대수필 편집장
• 2014년	현. 실험수필문학회 회장
• 2014년	현. 서울제주도민신문편집국장

작품집

- 1998년   수필집, 세상보기 《콘크리트 속의 여자》(세손) 출간.
- 1999년   수필집, 《오늘처럼 쓸쓸한 날엔 태풍이라도 불었으면》(세손)

출간.

시집, 《레일 이탈을 꿈꾸고 싶은 날》(세손) 출간.
- 2001년 신앙시집 《아름다운 구속》(세손) 출간.
- 2003년 수필집, 문화와 예술이 있는 에세이 『번홍화』(문학관) 출간.
- 2006년 성性에세이 《가면축제》(문학관) 마광수 그림 출간.
- 2007년 저서, 윤재천 선생과 함께한 《수필문학의 르네상스》(문학관) 출간.

  수필선집, 《장르를 뛰어 넘어》(문학관) 구름카페문학상 선집 출간.
- 2010년 실험수필, 아방가르드 에세이 《음음음음 음음음》 출간 (문학관) 김종 그림
- 2010년 수필선집, 아방가르드 에세이 《감성에 말을 걸다》(소소리) 출간.
- 2012년 평론집, 평론가들도 함께 조명한 《실험수필 코드읽기》(문학관) 출간.
- 2015년 수필선집, 《밧줄 위에서 추는 춤》(신아출판사) 출간.

수상
- 2003년 제8회 세계계관 시인상. 수상작 신앙시집 《아름다운 구속》
- 2007년 제3회 구름카페 문학상. 수상작. 성(性)에세이 《가면축제》
- 2008년 제1회 산귀래 문학공로상 수상
- 2010년 제1회 현대수필 공로상 수상
- 2014년 제1회 에세이포레 문학상 수상. 평론집 《실험수필 코드읽기》

현대수필가 100인선 II - **11** 오차숙 수필선
밧줄 위에서 추는 춤

초판 인쇄 2015년 1월 25일
초판 발행 2015년 1월 28일

지은이 오차숙
펴낸이 서정환
펴낸곳 수필과비평사·좋은수필사
주소 서울시 종로구 삼일대로 32길 36(익선동 30-6 운현신화타워 빌딩) 305호
전화 (02) 3675-5635, (063) 275-4000·0484 팩스 (063) 274-3131
이메일 sina321@hanmail.net essay321@hanmail.net
출판등록 제 300-2013-133호
인쇄·제본 신아출판사

저작권자 ⓒ 2015, 오차숙
이 책의 저작권은 저자에게 있습니다 서면에 의한 저자의 허락없이 내용의
일부를 인용하거나 발췌하는 것을 금합니다

저자와 협의, 인지는 생략합니다
잘못된 책은 바꿔 드립니다

ISBN 979-11-85796-51-2 04810
ISBN 979-11-85796-15-4 (전10권)

값 7,000원

이 도서의 국립중앙도서관 출판시도서목록(CIP)은 서지정보유통지원시스템 홈페이지
(http://seojinl.go.kr)와 국가자료공동목록시스템(http://www.nl.go.kr/kolisnet)에서 이용하실
수 있습니다(CIP제어번호: 2015002799)

Printed in KOREA